表現教育プロジェクト

〈子どものための舞台と人形劇をつくる〉実践集

Education Project for Expression:
A Collection of Exercises
in Creating Stage and
Puppet Drama for Children

編著　永岡都／久米ナナ子／早川陽

昭和女子大学出版会

まえがき

「創造、表現、協働の場づくり」

永岡 都

この本は、昭和女子大学現代教育研究所のプロジェクト研究から生まれた4本の〈子どものための戯曲〉を1冊にまとめたものです。4、5歳から小学校高学年くらいの子どもたちに向けた舞台や人形劇や動画を制作しながら、パフォーミング・アーツの創作と表現のスキルを学び、作品づくりの楽しさを知る解説書になっています。対象は、教員養成課程で表現教育を学ぶ学生を想定していますが、高校や中学、あるいは小学校や保育・幼児教育の現場でも活用していただけると思います。戯曲を読みながら、どのように創り表現するのか、具体的なコツが分かるように、演出ノート、劇中音楽の楽譜、舞台美術のスケッチ・写真、解説コラムを添えました。

4つの戯曲はいずれもオリジナル脚本で、前半の2つが舞台上演、後半の2つが人形劇の動画のために書かれています。きっかけは、大学の教員養成学科で芸術科目を担当する教員たちが、「表現教育」の未来を探究しようとプロジェクトチームを組んだことが始まりでした。対話、創造、表現力というキーワードからプロジェクトの方向を模索するうち、メンバーの一人、久米がロンドンで上演した自作の舞台映像を紹介し、イギリスの子どもたちが象徴的な表現に魅せられる様子を見て、「子どもたちを魅了するパフォーミング・アーツを一から創造する」「その創造の場に学生たちを巻き込み、教員と協働で仕事をしながら、彼らに表現の技術、面白さ、深さを伝える」という目標が定まりました。

初年度のプロジェクト・メンバーは、久米ナナ子（脚本・演出）、早川陽（舞台美術）、木間英子、永岡（音楽音響）の4人で、『ドロシーと愉快な仲間たち』を制作しました。ただ、教員が声をかけて集まった12名のゼミ学生たちは、本格的な舞台は創るのも演じるのも初めてでした。彼らの不安を取り除き、「自分事」として創作活動に熱中できるようにするにはどうしたらよいか、教員も試行錯誤を重ねました。

作品の完成形のイメージをどこまで共有し、教員がどのように枠を作り、どこから学生の主体性に任せるか…　創造と表現の教育がむずかしいといわれる所以ですが、「ものをつくる」技術とはある意味どこまで「分解してものを考えることができるか」の勝負でもあります。例えば、5分間の（効果音ではない）「音楽」を流すなら、速度から小節数を算出しなければなりません。エスキースやマケットから現実の舞台装置を組み上げるには、材料や作業工程を決めなければなりません。そうした専門的な技術を協働作業の中で教員が示すことが、学生たちの具体的な学びとなり、自らも創り表現するようになる道筋を作ったと思います。

さて、2018年から始まった表現教育のプロジェクトは、毎秋の大学祭を作品発表の場として、2021年まで4年間続きました。2作目の『やさしい森の歌』では、「アジアの伝承文化に発想を得たオリジナル作品を創る」ことをテーマに、早田啓子研究員の協力を得て『ジャータカ』の世界観を具現しました。またこの年から河内啓成研究員が世田谷学園美術部の生徒たちと共にプロジェクト・メンバーに加わりました。

3年目の2020年は、新型コロナウィルス感染症拡大のために対面の協働制作やライブ上演ができなくなり、プロジェクトも一時暗礁に乗り上げました。しかし「人形劇の動画を制作・配信する」方向に舵を切ることで、創作の視点をライブ・パフォーマンスから「動画の制作・編集」にシフトさせ、プロジェクトを続けることができました。最終年の『さくらの夢』では、それまでの経験を集大成し、大澤里紗所員、志田翼研究員も加わって、脚本、演出、人形制作、舞台美術、音楽音響、動画編集の全てが有機的に機能するすばらしい協働チームを組むことができました。

というわけで、この本は、紆余曲折のあったプロジェクト活動の実践記録であり、作品ごとに異なるテーマを掲げて、脚本、演出、音楽、舞台美術、動画、そして協働の場をどのように創り上げたかを具体的に記したマニュアル集でもあります。全体の構成は、4年間を通してプロジェクトに関わった久米、早川、永岡が担当し、それぞれの作品と関わりの深いメンバーが「随想」を執筆しました。この本が、仲間と一緒に舞台や動画を創ってみたいと思う学生や生徒、指導される先生方にとって、活動のきっかけになれば幸いです。

もくじ

脚本下段の注釈：「演出」は久米、「音楽」は永岡、「写真」は早川、「概要」は永岡、早川が担当した。

第1章

観客と舞台の一体感を高める

舞台劇
ドロシーと愉快な仲間たち

舞台劇 ドロシーと愉快な仲間たち

The stage play "Dorothy with Happy Friends"

登場人物
- 進行役
- ドロシー
- カカシ
- ブリキ
- ライオン
- 西の魔女
- オズ
- トト

舞台（左から）

舞台（右から）

脚本・演出　久米ナナ子
初上演：２０１８年　上演時間：17分

子どもたちに向けて劇を創るときには、できるだけシンプルな形でメッセージが伝わるようにすることが大切である。『ドロシーと愉快な仲間たち』も、ライマン・フランク・ボウム原作の『オズの魔法使い』を土台にしつつ、「魔法の力（他者）に頼らず自分の力で道を切り開く」メッセージを明快にアピールするものとなっている。音楽もオリジナルの「主題歌」あるいは「テーマ音楽」を作ると一体感が増す。主題歌「願いをかなえよう」は学生たちが歌詞を考え、旋律づくりや記譜を教員がサポートした。また観客（子どもたち）の視線をあちらこちらに動かすため、人形劇の舞台をマルチスクリーンのように左、正面、右の3面に立て、さらに物語に没頭できるよう、部屋を遮光して照明を効果的に使用するなどの工夫を行った。進行役は、観客とやりとりしながら、その場で筋書きを作っていくような自由な雰囲気で演じてほしい。BGMもライブで演奏するのが良い。（永岡）

参考資料：Lyman Frank Baum（2008）『The Wonderful Wizard of Oz』Oxford University Press
ライマン・フランク・ボウム著／江國香織訳（2008）『オズの魔法使い』BL出版

１幕１場　冒険の旅「黄色いレンガの道」

注：♣ペープサート装置①（下手側）♣装置②（センター）♣装置③（上手側）↓演出１

★音楽①「オープニング」イン（楽師登場）
★音楽①フェイドアウト（楽師退場）
◆効果音：何か落ちてきた音「ドスン」
♣装置②：突然！魔女の足だけが飛び出る。銀の靴を履いている。
（♣装置②の奥から観客の前に進行役が登場）
（進行役：ビックリして魔女の足を見る）

進行役
わぁ、魔女がいなくなっちゃった〜。↓演出２
えっ！（進行役空を見上げるしぐさ）空から何か降ってきたの？
（進行役：観客にすぐ気がつき）↓演出３

進行役
あっ、ごめんなさい。
こんにちは〜。
（進行役：観客に返事を求めるしぐさなど即興で）↓演出４

進行役
今日は、とても元気な女の子の話をするわね。
その子の名前はドロシー、そして彼女の愛犬トト！

演出１：この舞台劇は進行役を除き全てのキャラクターはペープサートによって演じられる。進行役は舞台上に設置されたペープサート装置の周りを自由に動くことができる。
ペープサートは観客が目で追いやすいようにゆっくり動かすことを心掛ける。各キャラクターを演じるためには焦らずゆったりと声をだし気持ちの変わり目では声にメリハリを付けることも大切である。

音楽１：初演では、中世の楽師に扮したヴァイオリン奏者が登場し、観客の前を歩きながら音楽をひとしきり演奏して雰囲気を盛り上げたが、姿を見せずに演奏を聴かせるだけでも良い。

演出２：進行役は登場後に魔女の足にビックリした様子を観客に見せてから、強く観客たちにそれを印象づけるように周りを動きセリフを言う。

演出３：進行役はここで観客がいることに初めて気がつく。そして、客席の方を向き観客に優しく語りかける。

演出４：観客に返事を求める仕草など、進行役が即興で演じることも可能である。

進行役
（説明のためドロシーとトトの絵を取り出して見せるのも良い）
彼女とトトは旅の途中で素敵な仲間たちと出会います。
そして、恐ろしい出来事も難しいことも仲間達と一緒に乗り越えて行きます。
実はドロシーは大きな竜巻によって彼女のお部屋ごと。

（進行役：♣装置②周辺を「ここね」と手で紹介しても良い） →演出5

進行役
魔法の国に吹き飛ばされて来てしまいました。

（進行役：魔女の足を指して）

進行役
で、偶然にも悪い魔女を「このように」にやっつけることになったのです！
でも、ドロシーは家族の待つお家にとても帰りたいのです。

（トト：進行役の言葉に反応して故郷を思う鳴き声）

トト
ワンワン！

（進行役：トトの鳴き声に答えるように）

進行役
そこで、「お家に帰る」という彼女の願いを叶えてくれるエメラルドの都に住む「オズの魔法使い」に会うため、魔法の靴、「この銀の靴ね」（魔女の靴を指して）を履いて黄色いレンガの道を歩き出しました。

（進行役：黄色のレンガの道を歩きはじめる）

演出5：進行役は装置2周辺を「ここね」と観客に手で紹介することが大事である。ここは魔法の国であるということを強調する。

「魔女の靴」

★音楽②「黄色いレンガの道」イン

進行役　さあ、みんなもドロシーと一緒に冒険の旅をはじめましょう。

（進行役：左右の靴かかとを床で鳴らし♣装置②奥へはける）→演出6

★音楽②　アウト

1幕2場　出会い

装置1：カカシ・ブリキマン・ライオン登場

カカシ　あのね、僕は頭が良くなりたいよ～脳みそによる知恵、誰かくれないかな～。

ブリキマン　私は優しい心！愛することができる心が欲しいのです。

ライオン　俺には勇気が必要なのだ！勇敢なライオンになりたい。

3人　あ～～～～（ため息と悩んでいる声）

進行役　（声）　黄色いレンガの道を歩いていたドロシーは、カカシさん、ブリキマン、ミスターライオンに出会います。皆それぞれに叶えたいことがあるようです。

ドロシー（声）　ねぇ、それなら私と行きましょう。

3人　えっ！君はだれ？

（ドロシーとトト：登場）

音楽2：陽気で軽やかな行進曲である。次の2場の登場人物が揃うまで適宜反復する。

演出6：進行役は左右の靴のかかとを鳴らし観客と共に「冒険の旅」に旅立つ気持ちで明るく元気よくセリフを言う。

ペープサート（paper puppet theater）

ドロシー　初めまして、私はドロシー。この銀の靴が行く先を教えてくれるわ。願いを叶えてくれる「オズの魔法使い」にみんなで一緒に会いに行きましょうよ。

★音楽③「願いをかなえよう」イン　↓音楽3

（トトの嬉しそうな鳴き声イン）

トト　ワンワン

3人　ほんと〜すごい！ありがとう。一緒に願いを叶えよう。

★音楽③　フェイドアウト

1幕3場　エメラルドの都

♣装置②　エメラルドの都

エメラルド色の照明が♣装置②に

★音楽④「エメラルドの都」イン　↓音楽4

＊ドロシー、トト、カカシ、ブリキマン、ライオンはオズ大王に会う

＊装置2の幕が開くと大王の顔がどっしりとそこにある

＊大王は大きな目玉と口を持つエメラルド色の大きな顔

★音楽④　フェイドアウト

音楽3：歌詞の1番のみ（第8小節まで）、登場人物全員で歌う。その後、伴奏（ピアノ）は（セリフのやりとりが聞こえるように）音量を下げ、「間奏」（第9〜17小節）を演奏して終わる。

音楽4：楽器音のみ（インストゥルメンタル）によるBGM（背景音楽）。メタリックで透明感のあるサウンド、点描的に音を切れ切れに飛ばすような無調音楽が良い。初演では、シンセサイザーによるインドのシタール音を、3オクターブ音域を上げて金属的な高音にし、さらにペダルで伸ばすことによってアタックのかかった残響を演出した。

（大王：ゆっくりとした低い声で）→演出7

大王　わたしがオズじゃ！
この大王に願いを叶えてほしいというのはお前か～！

（大王の声：部屋に響く）
（大王の目玉：ギョロギョロ動く）
（ドロシー：少し震えた声で）

ドロシー　はい、私は家に帰りたいのです。
トト　ワンワン！

（大王の両目：瞬きを2回大きくして）

大王　なぜ、それが自分でできんのじゃ？
ドロシー　私にはあなたのように魔法が使えません。
大王　だが、東の悪い魔女を消してしまったではないか？
ドロシー　あれは、竜巻にあって…偶然だったのです。

（カカシ・ブリキマン・ライオン：それぞれに願いを叶えて欲しい気持ちが先走って早口で大王に伝える）

カカシ　あの～僕は、頭が良くなりたい…脳みそを、知恵をください…
ブリキマン　私には心を、愛することができる優しい心を…
ライオン　俺には勇気を！勇敢に暮らせるように！勇気を…

（大王：突然怒り出す）

演出7：大王の声は低く迫力がある。その部屋は何か異次元をも感じさせる不気味な空間でもある。ドロシーと仲間たちは大王の声をとても怖く感じる。

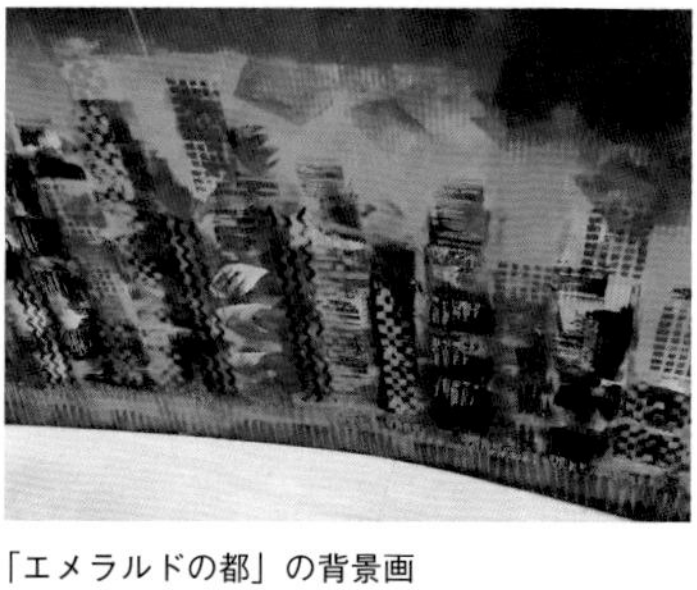

「エメラルドの都」の背景画

大王　うるさ～い！（大きな声で）
それでは、西の国にいる魔女を消し去るのだ！
そうしたら、皆の願いを叶えてやろう！
さぁに西の国へ飛んでゆけ～！

ドロシー　きゃ～　↓演出8

トト　ワンワン

カカシ　あれれ～

ブリキマン　わわわ～

ライオン　うおおおお～

（ドロシー・トト・カカシ・ブリキマン・ライオン：大王の怒りの声に飛ばされて西の国へ）

2幕1場　西の国

（進行役：♣装置②の奥から登場）

進行役　さぁ～大変　↓演出9
ドロシー達はオズ大王に西の国へ吹き飛ばされてしまいました。

（進行役：♣装置③の前へ移動）

西の国です。　↓演出10
ほら、あれが西の国の悪い魔女、意地悪そうでしょう。

（進行役：♣装置③奥にはける）

★音楽⑤　「西の国の魔女」イン　↓音楽5

演出8：ドロシーと仲間たちは大王の一喝で西の国に飛ばされる。キャラクターを演じるものは、それぞれに飛ばされていると意識しながら叫び声をあげる。

演出9：進行役は空を仰ぐなどの演技でドロシーと仲間たちが西の国に飛ばされてしまっていることを表現していく。また同時に場面が西の国に移っていくことを観客にアピールしていく。

演出10：進行役は西の国でのドロシー達を案じ意地の悪い魔女の紹介も出来ればしたくないと思わせるほど不安な気持ちになっている。

音楽5：インストゥルメンタルによるBGM。初演では、シンセサイザーのオーケストラ・ストリングス音を使用し、3オクターブ音域を下げて、残響を大きくした。無調音楽で魔女が迫ってくる不気味さを表現。

（魔女：登場）

＊西の国の魔女→ 意地悪そうな顔と風貌

＊大きな三角の帽子（できれば立体が望ましい）

★音楽⑤　フェイドアウト

（魔女：観客に語りかける）

魔女　意地悪そうだと？　→演出11

（魔女：不気味な笑い声）

魔女　うわっはっはっは～
今朝、おかしなことに空から降ってきたのさ、
可愛い娘とこのよく吠える犬が…
ちょうど召使いが欲しかったところにさ。
あとは、なんだろうね～なんだか分からんものが、
3体？？う～ん？3人？？？（良くわかっていない）

魔女　しかも、その娘は長年私が探していた、
あの銀の靴を履いているのだよ！
こんな都合の良いことはない！

（魔女：不気味な笑い声）

魔女　うわっはっはっはっ～
ありがたい。ありがたいねぇ。
一石二鳥とはこのことだよ。

演出11：魔女は大きな声で人を威嚇する。性根の悪さの特徴が声にあると更に良い。魔女は憎々しく観客に語りかける。進行役の「西の国の魔女は意地悪そうでしょう～」の言葉を受けて「意地悪そうだと？」と非常に不機嫌になる。ここの魔女のセリフは独り言であると同時に観客にドロシーたちの出現は不愉快だが探していた銀の靴が手に入ることが分かりこれは大変な喜びであると浮き浮きした気持ちを伝えていくものでもある。

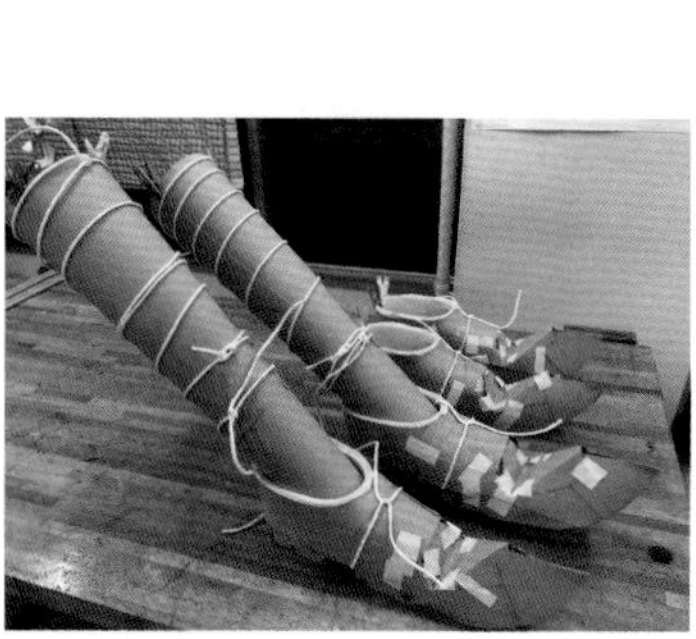

制作中の「魔女の靴」

（ドロシーとトト：登場）

ドロシー ダメよ！この銀の靴は！ ↓演出12

（トト：魔女に吠えて立ち向かう）

トト ワンワン

魔女 わからない子だね～。その靴をわたしに渡せば
ここで一生贅沢三昧に暮らせるのだよ。
さぁ～お渡し～！ ↓演出13

（魔女：ドロシーとトトを追いかける）

（魔女：ドロシーに飛びかかる。トトほえる）

（カカシ・ブリキマン・ライオン：♣装置①に登場）

カカシ ドロシー～、ここにいたんだね！ ↓演出14
もう大丈夫だよ、魔女は水をかけると溶けてしまうんだ！
ブリキマンがドロシーとトトをとても心配して、
絶対に君らを助けると、彼はとても愛情が深いよね。

ブリキマン 僕らは牢屋に閉じ込められていたが、
このカカシ君は鍵と魔女の秘密をみつけだした。
カカシ君、キミはとっても頭が良いのだよ！

ライオン ドロシーのためなら、こんな魔女なんぞ少しも恐ろしくないぞ！
ほら！こんなに俺は吠えることができる。

（とても勇敢なライオンの吠える声） ↓音楽6

演出12：ドロシーは絶対「銀の靴」は渡さないと言う強い気持ちで魔女に立ち向かっていく。

演出13：魔女は欲しくてたまらない「銀の靴」を彼女から奪い取ろうと必死になる。

演出14：ドロシーを助けるために必死になるカカシ、ブリキマン、ライオンである。カカシは知性、ブリキマンは優しい心、そしてライオンは勇気をというそれぞれの望みを、既に自然に使っていたのである。観客に説明する大切なセリフであるが、カカシ、ブリキマン、ライオンたちにはその自覚はまだない。ここでは、観客に誰が何をしたかの要点をしっかりと伝えていくことが大切である。しかしながら状況は非常に切迫していることを忘れてはならない。

ライオン　うぉ〜

（魔女：ライオンの吠える声にびっくりして腰を抜かす）

魔女　ひぇ〜　**→演出15**

ドロシー　わかったわ。この床磨きの水を魔女に…

魔女　あ〜やめて、やめて〜（悲しい声で）あ〜水はやめてくれ〜。

（魔女：あっという間に溶けていなくなる）

全員　やった〜。これでみんなの願いが叶うね。　**→演出16**

トト　ワンワン（嬉しい鳴き声）

ドロシー　さぁみんな〜一緒にこの黄色いレンガの道をゆきましょう。

全員　オズの魔法使いに報告しよう。

★音楽②「黄色いレンガの道」イン

★音楽②　フェイドアウト

２幕２場　オズの魔法使い（オズの部屋）

♣装置②：オズの部屋うす明かり　**→演出17**

◆効果音：部屋には重低音が流れている　**→音楽7**

＊エメラルド色のカーテンが部屋全体に揺れている

＊部屋には誰もいない。奥には壁のような衝立が見える

ドロシー　オズの魔法使いさ〜ん。戻りました〜。

音楽6：ここで効果音を入れてもよい。

演出15：魔女の威張った声はすっかり無くなり情けなく哀れな叫び声に変わり虚しくその姿が消えていく。

演出16：ドロシーと仲間たちは困難を乗り越え魔女退治を無事成し遂げた嬉しい気持ちになる。仲間たちに再び明るい雰囲気が戻ってくる。

演出17：1幕3場と同じオズの部屋だがドロシーたちの登場までに重苦しい雰囲気を漂わせることが望ましい。

音楽7：この効果音は、耳鳴りのような感じで最初はある程度大きな音量で始め、登場人物のやり取りの間も音量を下げて持続させる。

トト　西の悪い魔女を退治してきました〜。
カカシ　ワンワン！ワンワン！
ブリキマン　オズさ〜ん、どこですか〜。
ライオン　西の国の魔女はいなくなりました〜。
うお〜〜〜。

（ライオンの勇敢な声に奥の衝立が倒れる）
（衝立の奥には白髪のおじさんがおおきな双眼鏡を手に持って立っている）
（白髪のおじさん〈オズ〉：ドロシー達の方を驚いて見ている）

ドロシー　えっあなたはだれ？
オズ　ごめんなさい。みんながオズと思っていたのはわしなのじゃ！
全員　えええええええええ〜
トト　ワンワンワンワン！
ドロシー　あなたは魔法使いではないの？
オズ　わしは魔法使いではないのだ。→演出18
実は乗っていた気球の綱が切れて
このエメラルドの都にたどり着いた。
この国の人々は空に浮かぶ大きな気球を見て、
わしを魔法使いと勘違いしたらしい。
けしてだますつもりはなかったのだ。

（オズ：本当に悪いという気持ちを込めて）

オズ　申し訳なかった。

（全員：とてもがっかりした声。泣いている声も聞こえる）

演出18：ドロシーたちを騙して悪いという気持ちがオズの声に表れている。優しく語りかけるように自分の身の上話しを弱々しい声ではじめる。セリフはゆっくり焦らずに観客にひとつひとつを説明していく気持ちである。

ドロシー 私はお家に帰れないのね、ハ～
トト クィーン。
カカシ 脳みそは無理か～。
ブリキマン 愛する心はもらえないのか～。
ライオン うお～勇敢なライオンにはなれない。

（進行役：登場）
◆効果音：アウト

進行役 みんなはとてもガッカリしてしまいました。→演出19
うーん、どうすればいいかなぁ。
なんとかしてあげたいなぁ。

（進行役：観客に応援を求める）

進行役 ねぇなにか良い考えはない？

（観客からのリアクションも受けながら、即興で答えても良い）

進行役 オズさん。これはひどすぎるわ、何か良い考えはなかったの！

（進行役：オズをとがめる）

進行役 ほら、今日来てくれたみんなもこんなに怒っているわよ。
オズ まぁまぁみんな聞いてくれ。
わしはこの大きな双眼鏡でドロシー達が悪い魔女に水をかけて退治をしてくれたところ見ていたのさ。→演出20

大きな双眼鏡

演出19：進行役は登場したら何か良い方法はないかと暫く自分で考える演技で観客の視点をペープサート劇場から舞台空間全体に戻していく。
観客に参加を求めていく次の場面へ雰囲気をつくり易くするためでもある。
進行役は常にキャラクターと観客の架け橋であることを意識すること。

演出20：オズがカカシ、ブリキマン、ライオンに願いは既に叶えていると説いていくセリフである。ゆっくり諭すと同時にそれを祝福できることがオズもとても嬉しいと大切に伝えていくこと。

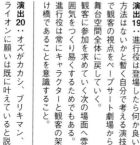

オズ
（オズ：カカシに向かって）
カカシ君！きみはすでに素晴らしい知恵を持っているではないか。
魔女は水で溶けるという秘密を理解し牢獄の鍵を見事に探し出したではないか。

オズ
（オズ：ブリキマンに向かって）
ブリキマンさん！あなたは魔女にひどい扱いを受けるドロシーのことをとても心配した。その心は愛情に輝いていたさ。

オズ
（オズ：ライオンに向かって）
ミスターライオン殿！大空に響き渡るあの声は
悪い魔女が腰を抜かしてしまうほど勇ましかった。
あなたは誰もが認める勇敢なライオンなのですよ。

オズ
（オズ：全員に向かって）
みんな魔法など使わなくても、欲しいものを自分たちの努力で育てたのだ。
人の力に頼らず自分で切り開いたのだよ。魔法などは必要ない。

カカシ そうか〜。
ブリキマン そうなんだね。
ライオン うお〜
（オズ：進行役に耳打ちをする）

進行役 えっなに？ うんうん…（オズから聞いている）

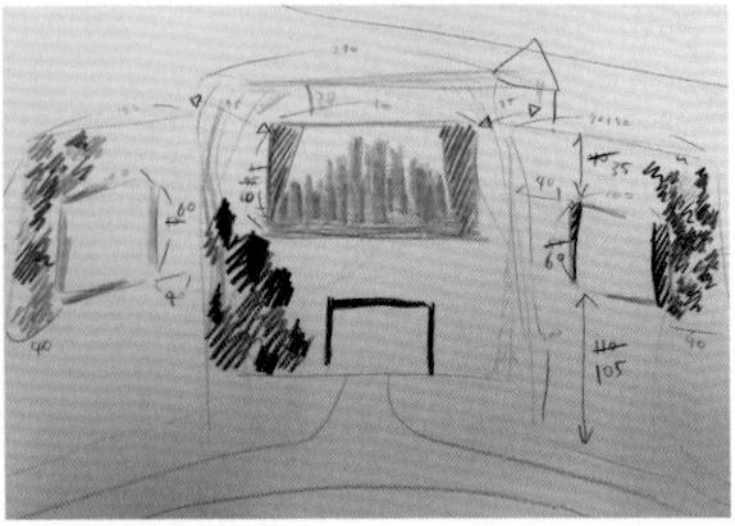

エスキース1

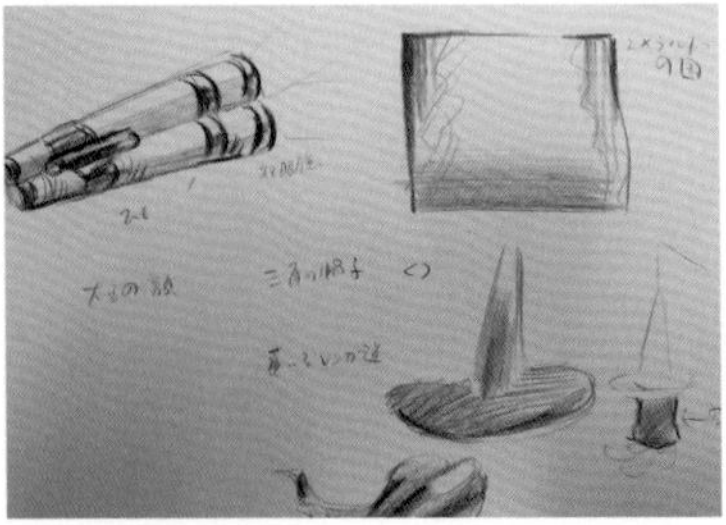

エスキース2

わかったわ。

進行役
（進行役：観客へ向けてセリフを言う）→演出21
みなさん、オズには魔法はないけれど
カカシさん、ブリキマン、ミスターライオンの
素晴らしさ、そして、自分の力で願いを叶えたことに
カカシさんにはこのバッチ（木の形のバッチを示す）
ブリキマンにはこのハート（ハート型の心を示す）
ミスターライオンにはこの星ね（星型の勲章を示す）
を贈りたいそうです。どう誰かオズに協力してくれる？

（進行役：観客の中から子ども3人ほど選んでキャラクターの胸に其々を貼ってもらう）→演出22

進行役 ありがとう。みんなに拍手～。

（進行役：他の観客にも拍手をお願いする）

ドロシー みんな良かったね！
トト ワンワン
進行役 さぁ今度はあなたの番よ。
ドロシー えっ！魔法がなくてもお家に帰れるの？
進行役 大丈夫！ここのみんな全員であなたの願いを叶えるわ！
あなたが勇気をだして冒険したことも、人を思う優しさも、
すべて自分の力で育んだ素晴らしい心からですもの。
進行役 さぁ～みんな協力してくれるわよね、
銀の靴のかかとを3回鳴らして
ドロシーとトトをお家に帰してあげましょう。

演出21：進行役は更に明るい気持ちで観客に話しかけていく。観客が参加しやすいよう客席の照明を少し明るくするなどしても良い。

「ハート型の心」と「星型の勲章」

演出22：参加してもらう観客の様子に合わせて話しかけていく。恥ずかしがる観客には優しく対応するように心掛け舞台に上がってもらうなどは臨機応変に考える。

（進行役：銀の靴を手に取り、上に掲げてかかとを3回鳴らす）

★音楽③　主題歌「願いをかなえよう」（フルバージョンを全員で歌う）→演出23

オズ　さようなら。

カカシ　ドロシー元気でね～。

ブリキマン　また会おう。

ライオン　うお～～～～

（装置のカーテンが閉まる）

カーテンコール

＊全員キャラクターと共に装置の前へ

★音楽③を合唱

＊観客にも歌ってもらうようにお願いを

※観客には開演前に配られた歌詞カードなどがあると良い

進行役　本日はどうもありがとうございました。

客出し

★音楽①（観客が全員退出するまで続ける）

演出23：エンディングの音楽は観客が共に歌えるような楽曲が望ましい。観客には開演前に配られた歌詞カードなどがあると良いかもしれない。

「黄色いレンガの道」

演劇は総合芸術

久米ナナ子

演劇は総合芸術であるといわれる。多くの人々が関わり上演に向けて力を合わせて創り上げていくものである。考えの相違があり意見を交わすことにもなるが、お互いの違いを理解しようとする協調の精神がなくては成り立たない。

演劇で上演される作品は戯曲（脚本、台本）からはじまる。戯曲は一般的に上演する目的で書かれた演劇の脚本または台本である。またその形式で書かれた文学作品であるともいわれている。脚本と台本も殆ど同じ意味で使われるが、往々にして脚本は映画や映像作品、台本は役者に向けての舞台作品で使われることが多い。

戯曲（脚本、台本）の言葉で描かれた世界が演出家を中心に音楽家や舞台美術家など多くのスタッフにより具象化されていくのである。演者はそのような領域が異なる沢山の人達に支えられ最終的に観客の前に立つのである。最初の戯曲（脚本、台本）と実際に上演される作品では多少変わる箇所などが出てくることもあるが、演劇においては想定されることでもある。戯曲（脚本、台本）の中のセリフや演者の動きは、演出と演者達によって稽古が重ねられると同時に各チームと綿密に意見を交換しながら必要ならば変更され確認作業が繰り返される。上演する舞台劇、上映される映画や放映する映像は決められた日程に沿って制作がそのように進められていくのである。

演劇という分野がこれからも表現教育に親しみをもって浸透していくことを期待しこの4作品を創作したことをここに記しておこうと思う。

音楽

オープニングや場面転換のBGM（背景音楽）は、臨機応変に短縮・延長ができるように、反復可能な、あるいは起伏の少ない曲にすると良い。

永岡都

音楽① オープニング

ルネサンス時代のダンス曲〈Istanpita Ghaetta〉（作曲者不明）からインスパイアされて学生が即興演奏した曲を楽譜に起こした。ミクソリディアやドリアなど現在の調性と異なる旋法を使っている。ヴァイオリンなどの弓奏楽器かリコーダーで演奏すると良い。またバスドラム、ジャンベなどの手打ちの打楽器で伴奏リズム｜♩♪♪♪♪｜を加えると良い。その場合、指先で所々トレモロ風の細かい刻みを打つのも効果的である。

音楽② 黄色いレンガの道

ドロシーたちが旅をするシーンの伴奏音楽。場面の長さに応じて適当に繰り返す。軽やかな足どりを連想させるように、第 1, 3, 5, 7小節の1拍目に軽くアクセントをつけ、全体が重くならないようにする。ヴァイオリンやリコーダーによる独奏、あるいはシロフォン、マリンバで演奏するのも良い。

音楽③　主題歌「願いをかなえよう」

♩=120 **con brio** (生き生きと)

この主題歌は、制作の途中で作品のテーマに共感した学生たちが自ら歌詞を考案した。劇中で歌う時は、転調の前（第17小節）で終わっても良い。コードを参考にしながら、ピアノなどで伴奏を工夫してほしい。

舞台美術

はじめて舞台美術をつくる

早川 陽

初年度の計画として、ペープサートによる人形劇を実施することになり、保育・教育を学ぶ学生と舞台の制作に取り組んだ。大学祭での上演に向けて、観客の多くが幼児・児童であることを想定し、興味関心を引くためには何が効果的かを考えた。打ち合わせで、人形の出る窓を3つに分割する案があり、場面を入れ子状に展開し、視界の広がりに繋げることを計画した。また人形だけでなく、学生が「進行役」や「楽師」として物語を進める展開となり、彼女らが出入りするための導線も確保した。

舞台の設置場所は大学の普通教室である。教室から机・椅子を搬出し、窓は光を抑えるために大型のダンボールで全てを塞いだ。またペープサートを操る学生が隠れる必要があったので、壁としての大きさを確保できる高さ2メートルのダンボールを材料とした。別教室で1ヶ月前より制作を始め、上演前日にセットすることになり、移動を考えて折り畳み式にした。壁を自立させるために、左右に袖をつけ、折り込みを広げて立たせる構造である。中央の壁下には穴があり「魔女の靴」が飛び出したり、「黄色いレンガの道」へ接する。

壁表面はアクリル絵具による塗装を行った。中央は暗緑色をベースに樹木を描き、左右はグレー調の無機質な色味とした。それぞれの窓には、サテン生地のカーテンを設置した。窓の奥には場面の設定に合わせたイメージ画を描き、カーテンを開けた時に登場する人形の背景としている。

大型照明2機は創立者記念講堂で使用される移動式のものである。付属していた緑系のカラーセロファンを選択、高さをとって客席側の左右に設置した。光は小道具の「双眼鏡」の中、その他に偏光型LED照明をスポットライトとして窓の内側から使用した。

客席は教室の壁沿いに椅子を2列配置し、前には青い不織布を半月状にカットしてその上に直座りとした。新型コロナウィルス感染症流行前であり、実際に子どもの観客が多かったので、詰めて着席することができた。舞台装置と客席の間には「黄色いレンガの道」と、役者が移動する導線を確保した。布製の「黄色いレンガの道」は約30メートルあり、観客の導線として教室の外へ伸ばした。音や光が適切に届く、舞台の熱を感じる距離感を設定できた。

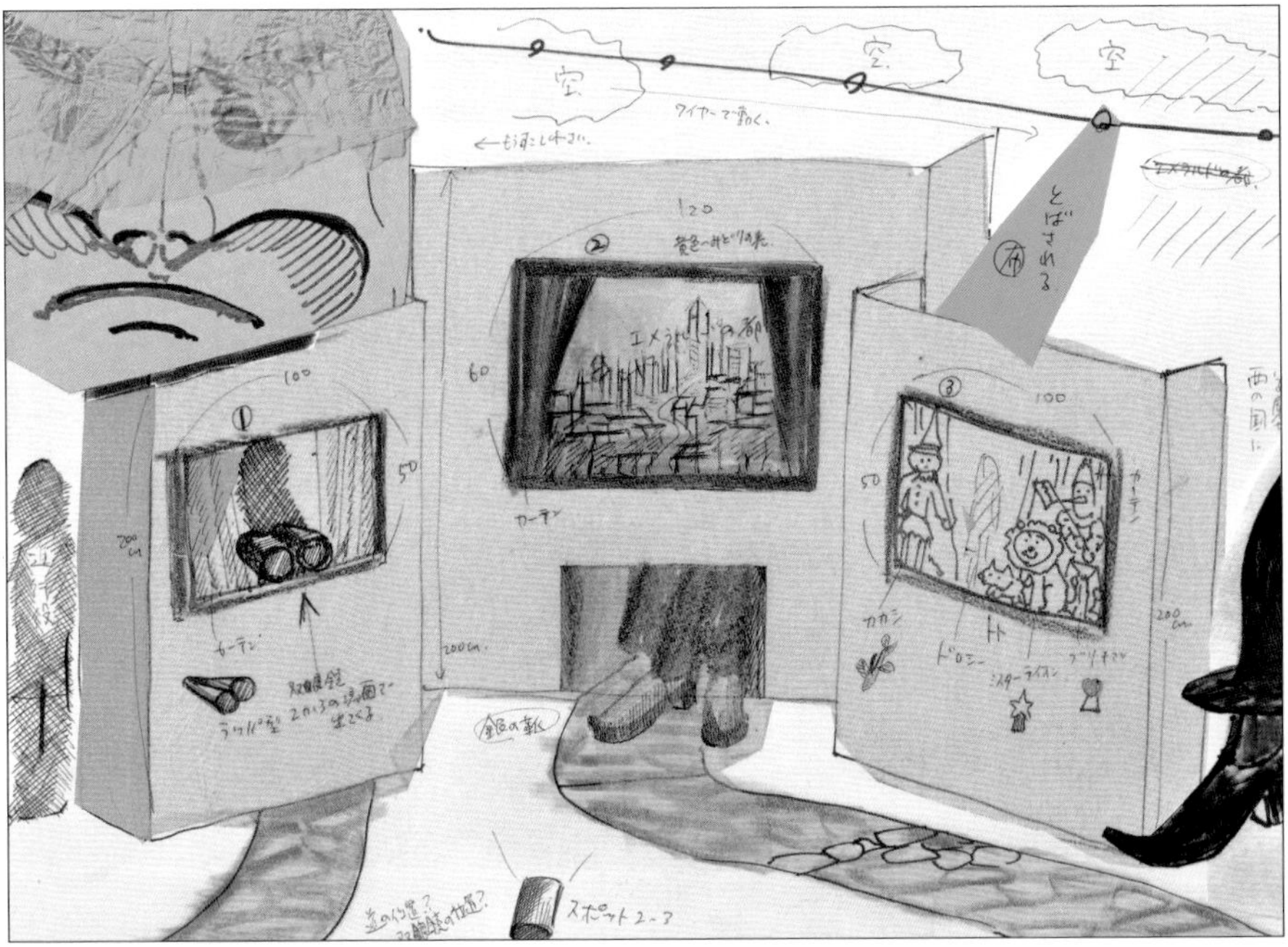

人形の出る窓を3つに分割する案（エスキース）

舞台全景（左側より）

進行役の語り

ペープサート

終幕（歌を歌う）

随想

パフォーミング・アーツの魅力

木間英子

『ドロシーと愉快な仲間たち』は、2018年11月10日秋桜祭で3回の公演を行い成功裡に終わった。あらためてそこに至る経緯を辿ってみると、9ヶ月ほど前の同年2月21日に開催した「パフォーミング・アーツの魅力」と題した勉強会に行き着く。

第1部は、小野明子研究員（当時）によるレクチャー&ワークショップ「身体は表現する――ダンスの今」。コンテンポラリーダンスの映像から、クラシックのような技法や形式の基準をもたない自由度の高い表現を知り、自らの身体で表現することを試みて、その面白さや自由に動くことの難しさを実感した。第2部は、久米ナナ子研究員による「パフォーミング・アーツの魅力をどう子どもに伝えるか――久米ナナ子プロデュース公演『TANABATA』から考える」。『TANABATA』の上演ビデオを鑑賞して、制作者の意図や表現技法、舞台美術の魅力などをディスカッションしながら探った。『TANABATA』は、ロンドンの小さな舞台でイギリスの子どもたち向けに制作上演されたもので、日本の七夕の民話を、布と和紙とで構成した象徴的な舞台の上で、動きの少ない演技と語りとで物語りを紡いでいく斬新なパフォーミング・アーツであった。

この勉強会で私たち教員が刺激を受けたことをきっかけに、今度は学生に舞台上演の制作と実践をやってみないかと投げかけてみた。すると、学生はやってみたいと思うものの人前で演じることへのためらいは大きい。そこで観客の前に立つ怖さを回避できるという理由もあって、子ども向けの人形劇を制作上演することが決定した。

制作は、個人やチームそれぞれの仕事を個別に進めていくことから始まる。しばらくは他が見えないいわゆる縦割りの作業であるが、互いの接点が見えて絡み合いながらの制作が始まると、一挙に意欲が高まっていく。ただ惜しいことにその高まりは公演数日前に起こる。時間との闘いの中、切羽詰まった緊張感は爆発的なエネルギーに変換されていった。

パフォーミング・アーツは、複数の人間が異なる表現手段を駆使しながら創造過程を共有していくことにその魅力がある。だから、共有している意識が芽生えた途端、あらゆる局面において表現の質が上がる。このことは上演に至る準備期間だけではなくて、観客の前で上演している間にも起こるのである。パフォーミング・アーツは絶えず生成し続けていくから、完成形が誰にも予測できないほどスリリングだ。当日3回の公演は、観客が入れ替わり雰囲気が変わる度に、演じ手の表現にも変化があった。演じる側と観客との交感によって表現は具体的に肉付けされていく。そして、それはその時その場でしか生まれない一回限りのものであって、そこに居合わせた人のみが享受できるパフォーミング・アーツの魅力でもある。

上演ポスター
2018年度　舞台劇『ドロシーと愉快な仲間たち』

第2章

ライブ・パフォーマンスを魅せる

舞台劇
やさしい森の歌

舞台劇

やさしい森の歌

The stage play “The Sweet Song of the Forest”

登場人物

- 語り手
- 菩提樹の精
- ウサギ仮面
- オオカミ仮面
- 子ザル仮面
- ウサギ人形
- オオカミ人形
- 子ザル人形

脚本・演出　久米ナナ子
初上演：2019年　上演時間：18分

舞台の壁の色1

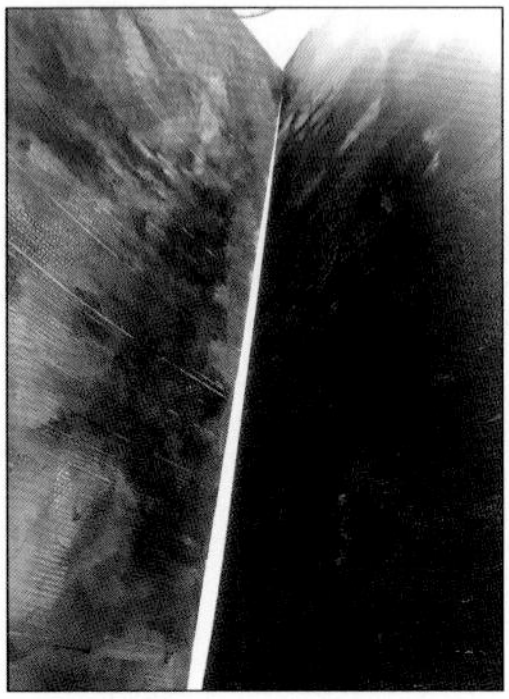
舞台の壁の色2

アジアには、実にさまざまな仮面劇や人形劇の伝統があり、優れた身体表現の歴史がある。それらをモデルに自分たちも作品を創り、演じてみることにした。『やさしい森の歌』は、インドの説話集『ジャータカ』を下敷きにした一幕の寓話劇である。舞台の要となるのは、中央にそびえ立つ大きな菩提樹。その周りにさまざまな動物たちがやってきて人間の本性を象徴的に演じる。語り手と菩提樹の精（踊り手）以外の登場人物は、仮面をつけるか、等身大の大型人形の操り手として登場し、自分の顔は見せない。そして、この寓話劇の世界観を支えるのが、音（音楽）である。深い森から立ち上るマントラ（真言）の声。荒ぶるオオカミを鎮める鈴の霊力。演者は、場を支配する音のダイナミズムを自らの身体で感じながら演じて、ライブ・パフォーマンスならではの迫力を出してほしい。

（永岡）

参考資料：今井真利子著／田中於菟彌訳（1975）『玉川子ども図書館 ジャータカ物語 月のウサギ』（玉川大学出版部）
シブクマーク著／下川博訳（1996）『パンチャタントラ物語』（筑摩書房）

1幕1場　青緑の森

＊ここはアジアのどこかの青緑の森
＊大きな菩提樹がある

♠照明①　森の明かり　イン
★音楽①「ようこそ　ようこそ　この森に」イン　→音楽1
（菩提樹の精：舞台中央に静かに登場し踊る）
（菩提樹の精：枝葉の風を感じながら菩提樹を祝福するように）

森の精たち（声）　（菩提樹の踊りと共に）→演出2
ようこそ、ようこそ、この森に、
やさしい風が、わたくしたちの案内人。
物語の森、奥深く、
さぁ、みんなで行きましょう。
さぁ、みんなで歌いましょう。

（菩提樹の精：舞台中央奥に退場）
★音楽①アウト　→演出3
（語り手：下手に登場し椅子に座る）

演出1：この舞台劇の動物キャラクターは仮面を付けた出演者と等身大の平面人形で演じられる。仮面を付けたキャラクターは「キャラクター名仮面」と表示され、また等身大の平面人形は「キャラクター名人形」と表示している。語り手は特別な舞台衣装は付けず一般的でシンプルな装いで良い。菩提樹の精の衣装は森を感じさせるものが望ましい。また音が出る装身具を身に付けるなど身体表現を楽しむ工夫を考えると良い。

音楽1：鈴（4小節）の音で静かに始まり、太鼓が入るタイミングで菩提樹の精が舞台に登場。サンスクリット語の歌声が始まると同時に踊り始める。歌唱は一種の背景音楽と捉え、歌唱に「森の精たち」の声（語り）を重ねる。「菩提樹の精」が静かに舞台から退場するタイミングで「後奏」の鈴の音が鳴り終わるように、音楽の長さを調節する。

演出2：大きな菩提樹は森の中心に立ち全てを守り育むという象徴である。菩提樹の精は枝葉の風を感じながら菩提樹を祝福するように踊る。森の精たちの声は文節ごとに数人で分けて言い伝える。観客たちを緑深い森に優しく誘うイメージで精の踊りと共に歌うように感情を込めて語る。

語り手　青緑の山のなか、素敵な森がありました。→演出4
小鳥がさえずり、動物たちは仲良く暮らしていました。
大きな菩提樹が、森の真ん中に立っていました。
豊かな枝葉が風にゆれ、音楽を奏でているようでした。

★音楽②オオカミ　イン　→演出5　→音楽2

（オオカミ人形：のっそのっそと舞台奥下手より登場）

（大きい動きをしながら舞台へ）

語り手　そんな平和な森に谷底から、お腹をすかしたオオカミがやってきました。

オオカミ人形　（声）あぁ腹が減った〜。
この森には食べるものはないのか〜。

（オオカミ人形：舞台をゆっくり歩き木の後ろに退場）　→演出6

◆効果音　オオカミが罠にかかる音（音楽②で表現してもよい）

オオカミ　ギャ〜。（舞台奥から声のみ）

語り手　オオカミは菩提樹の下にあった罠に、あっという間にかかってしまいました。

オオカミ　（声のみ）わぁ〜、これは困ったぞ〜。

語り手　ちょうどそこに、美しいウサギが森にやってきました。
毛並みが月の光のように輝くので、月のウサギと呼ばれていました。
心がとてもやさしい月のウサギは、森には沢山のともだちがいました。

★音楽③「月のうさぎ」　イン

演出3：語り手は音楽がアウトする少し前に静かに登場して座る。照明は語り手の登場を感じさせない程度が良い。

演出4：語り手にあたたかい雰囲気で照明があたる。語り手は照明を感じたら木漏れ日のなかで森の鳥たちに物語を伝えているように穏やかに話し出す。

演出5：オオカミの音楽で森の鳥たちはあっという間に飛び去ってしまうイメージ。オオカミは恐ろしいが間の抜けた面がある。

音楽2：バスドラムなど手打ちの太鼓を組み合わせて迫力のあるリズムパターンを作るとよい。クレシェンドして最強音で終わること。

演出6：オオカミが罠に掛かる音楽は効果音でも良い。音の効果で状況が観客に理解されやすくなることが必須である。オオカミが罠から顔を出したらそれを強調する照明がオオカミの仮面にあたることが好ましい。

（ウサギ人形：舞台奥上手より登場）

（軽やかに空に舞うように跳ねる動きで舞台を一回りし舞台中央で止まる）

（オオカミ仮面：木の罠から顔を出して舞台のウサギ人形の動きを静かにみている）

語り手　オオカミは、美しいウサギを木の罠から見ながら言いました。

オオカミ仮面　あそこにウサギがいるぞ。**→演出7**
よ〜し、ひとつあいつをだましてやろう！

（ウサギ人形：舞台奥下手に退場）

オオカミ仮面　（哀れな声で）　ウサギさ〜ん、ウサギさ〜ん、助けてください。

（ウサギ仮面：オオカミの声に気づき舞台奥下手より登場）

ウサギ仮面　オオカミさん？　どうしたのですか？

オオカミ仮面　ウサギさん、私は罠にかかって動けないのです。
（哀れな声で）　あぁ、痛い！　痛い！何とかしてください。

ウサギ仮面　可哀想なオオカミさん。困りましたね。
私だけでは大きなあなたを助けることはできません。

オオカミ仮面　イエイエ、そこの紐を引っ張ってもらえれば、
罠がはずれるのです。どうかお願いです。私を助けてください。

（ウサギ仮面：オオカミの指さす方向（木の上手側）へ歩く）

ウサギ仮面　あなたがおっしゃるのはこれですね。痛かったでしょう。
すぐ罠をはずしてあげましょう。

語り手　心のやさしいウサギは、オオカミの言う通りにしてあげました。

菩提樹とオオカミ

演出7：仮面をつけて演じるときは顔をゆっくり大きく動かす。役柄によっては顔の向きを意識して変え、少し誇張した動作なども取りいれて良い。特に横顔を見せて演じるときなどは顔の向きに注意して仮面の前面を客席に見せていくように心掛ける。

（ウサギ仮面：罠の紐を引っぱる）

◆効果音　罠の音（音楽で表現してもよい）→演出8

ウサギ仮面　わ～

（オオカミ仮面：舞台奥へ退場）

（ウサギ仮面：舞台奥に退場し木の罠にかかる）

語り手　オオカミは、あっという間にウサギを罠にかけてしまいました。

（オオカミ人形：下手より登場）

（罠にはウサギ仮面がかかっている）

オオカミ人形　（声）ワッハッハ～　まぬけなウサギだ！

今度はお前が罠にかかりオレさまに喰われる番だ！（脅す声で）

★音楽④「子ザル」イン　→音楽3

子ザル人形　（声）まって～！→演出9

（子ザル人形：音楽に合わせて上手から登場）

（子ザル人形：木を一回りして上手側へ退場）

（子ザル仮面：上手から登場し舞台前で止まる）

子ザル仮面　月のウサギさんは僕の大切なともだちなんだ。

演出8：オオカミとウサギが入れ替わる罠の場面は舞台装置、映像、または影絵などの効果を使って表現されても良い。

音楽3：軽やかな感じを出すために、マリンバやシロフォンによるトレモロやパッセージの反復などがよい。

演出9：オオカミの行為を少し離れた物陰からおっかなびっくり見ていた子ザルだが友達のウサギを助けるため覚悟を決めて飛び出してくる。子ザルの声はそれを感じさせるものである。

オオカミ人形　ひどいことしないで！
オオカミさんは間違っているよ！
（声）間違っているだと！　うるさ～い！↓演出10

子ザル仮面　（オオカミ人形：下手に移動）
どうしよう。↓演出11
（小声で）このままでは月のウサギさんがオオカミに食べられちゃう。

（オオカミ人形：子ザルの「どうしよう」で下手へ退場）
（子ザル仮面：客席に向かって呼びかける）

子ザル仮面　そうだ！
今日の森のともだちでもある客席のみんなに助けをお願いしよう。

（子ザル仮面：語り手に向かって呼びかける）↓演出12

子ザル仮面　ねぇ語り手のお姉さんも手伝って～。

（語り手：上手より舞台前へ子ザルの隣に）

子ザル仮面　オオカミさんが間違っていると思う人は元気よく手をあげて！

語り手　罠をはずしてあげるとオオカミさんに沢山のともだちができると思う人は一緒に拍手！

子ザル仮面　ありがとう、みんな。ともだちはとても大切だよね。

（子ザル仮面と語り手：舞台前上手へ）
（オオカミ仮面：下手より登場）

演出10：オオカミは子ザルを生意気だと威圧的に叫ぶが、内心は子ザルの勇敢さに驚いてここから少し及び腰になりはじめる。

演出11：子ザルは一人で考える仕草をまずは見せる。次のセリフ「そうだ！」で良い考えを思いついた感情となり観客と語り手に協力を求めていく。

演出12：観客参加の場面では客席をある程度まで少しずつ照明で明るくしていっても良い。舞台と客席との一体感を演出するために効果的な方法でもある。

オオカミ人形　（声）うるさ～い！ ↓演出13
ともだちだと？ばかばかしい。そんなものいらない！
あ～腹が減った。そうだ！まずはお前たちからいただこう！

（ウサギ仮面：オオカミ人形に語りかける）

ウサギ仮面　やめてください！　ダメです。↓演出14
私の大切な森のともだちは助けてあげてください。
わかりました。あなたは本当にお腹がすいているのですね。
かわいそうに。大丈夫です。どうぞこの私を食べてください。

（子ザル仮面：語り手はウサギ仮面の言葉に驚く）

オオカミ人形　（声）よし！おまえの優しさがここで役に立つぞ！（意地の悪い声で）

語り手　（観客に）まぁ、なんて身勝手なオオカミの考えでしょう。
オオカミには本当のやさしい心がわからないのです。
オオカミにはともだちがいませんでした。↓演出15

（子ザル仮面：舞台前に出て客席にむかって）

子ザル仮面　誰かお願い！月のウサギさんを助けて～。

★音楽⑤「鈴の音」静かにイン ↓演出16　↓音楽4

子ザル仮面　そうだ！菩提樹の力をかりよう！
みんな～色とりどりの「菩提樹の実」を月のウサギさんに向けて投げてあげて、
ウサギさんはそれで力をもらえるんだ！

演出13：オオカミは子ザルと語り手を含め観客たちをも脅しているが心の底では友達が欲しいと思っている。素直になれないオオカミの気持ちがこのセリフで表現される。

演出14：つむじ曲りのオオカミの心情を承知の上で自らが身代わりになるとオオカミを思いやる心優しいウサギである。感情的にならず全てを受け止める気持ちで粛々とかつ穏やかに言う。

演出15：語り手は今まで淡々と物語を伝えてきたが、ここではオオカミの態度に憤り感情を強く込めて観客に訴えかけていく。

演出16：音楽（鈴の音）は子ザルの願いによって菩提樹からの風が動き出すイメージ。子ザルは菩提樹がこの森を育んでいることに気がつき勇気と力が湧いてくる。

音楽4：鈴の演奏は複数の奏者が受け持つ。最初は「ようこそ　ようこそこの森に」のイントロのように、一人が一定の間隔で鈴を鳴らす。投げられる「菩提樹の実」が増えるにしたがって、少しずつ奏者を増やし、鈴を鳴らす間隔も縮めていく。オオカミが鈴の音に苦しむように、最後は全員で一斉に激しく鈴を鳴らす。

（客席から「菩提樹の実」が投げられる）→演出17
（ウサギ仮面：「菩提樹の実」をうけて静かに退場）
★音楽⑤「鈴の音」ボリュームアップ
（鈴の音にオオカミ人形は反応して舞台を苦しそうに動き回る）

オオカミ人形　（声）なんだ、これは。頭が痛い！　ヅキヅキする。
やめてくれ〜。わかったよ〜。これからはみんなと仲良くするよ〜。

（オオカミ人形：下手へ退場）
★音楽⑤　アウト
（菩提樹の精：中央木の奥より登場）→演出18
★音楽①イン　→音楽5
（菩提樹の精：「ようこそ　ようこそ　この森に」を祝い踊る）＊手足首の鈴音
（鈴の音：菩提樹の精の登場から静かになっていく）→演出19
（菩提樹の精：動物たちを舞台に導き木の奥へ退場）
（ウサギ仮面：上手より登場）
（オオカミ仮面：下手より登場）

語り手　動物たちはやさしい森の菩提樹に守られて、いつまでもみんなで仲良く暮らしました。

ウサギ仮面　子ザルさんの勇気と皆さんのやさしさに私は救われました。
ともだちの大切さをオオカミさんに教えてくれてありがとう。

演出17：「菩提樹の実」は観客が舞台へ投げても安全なものであれば形は問わないが、明るい彩りの方が楽しい雰囲気に場面を変えることができるので望ましい。

演出18：精の装身具から鈴音が聴こえていても良い。舞台での鈴の音は菩提樹の精の登場から退場にかけて静かになっていく。

音楽5：既に「菩提樹の精」が舞台に登場しているので、最初の4小節は省き、ハルモニウムが入る5小節目から演奏を始める。また時間を短縮するなら、2番の歌詞「ローカーハ…」のみ歌うと良い。

演出19：菩提樹の精が平和の踊りを終え森に再び静寂が戻る。オオカミも森の友だちに入れてもらった様子で、子ザル、ウサギ、語り手と共に登場。閉幕の「たいせつなもの」を仲良く観客と合唱する。

子ザル仮面　ウサギさん、オオカミさん、ほんとうに良かったね。

★音楽⑥「たいせつなもの」イン　↓音楽6

（子ザル仮面・オオカミ仮面・ウサギ仮面と語り手：観客と歌う）

森の精　（歌）

キラキラと、キラキラと、

菩提樹の葉がゆれます。菩提樹の葉がゆれます。

大切な人に、やさしい心。思いやりは、素敵なこと。

大切な人に、やさしい心。思いやりは、素敵なこと。

カーテンコール

♠照明②　客電　アップ

（舞台に全員歌いながら登場）

全員（または代表が）　本日はどうもありがとうございました。

客出し

★音楽⑥「たいせつなもの」アウト

音楽6：太鼓のビートを目立たせて、多幸感に溢れたフィナーレの音楽を演出すること。登場人物が舞台から退場した後も、「後奏」の4小節を「間奏」にしながら曲を何度か繰り返し、最後は太鼓の強音で終わる。

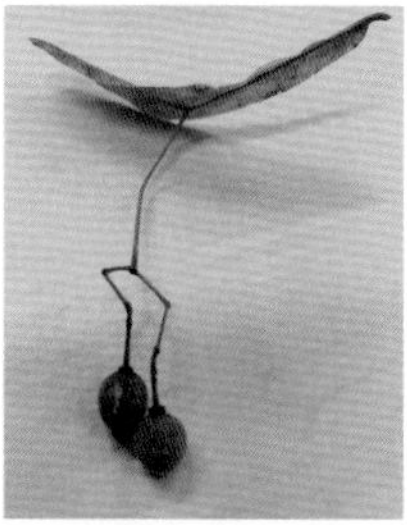

実際の菩提樹の実

菩提樹の実の小道具

令和元年度　昭和女子大学人間社会学部初等教育学科・現代教育研究所　秋桜祭プロジェクト

やさしい森の歌

久米ナナ子作・構成

秋桜祭 劇公演のお知らせ

　昭和女子大学、秋桜祭1日目の11月9日(土)に『やさしい森の歌』の公演をいたします。現代教育研究所研究員である久米ナナ子先生にご指導いただき、初等教育学科の永岡ゼミ、木間ゼミ、早川ゼミの学生による子ども向けの劇です。いちから作り上げた舞台装置、生演奏による劇中歌、今回のために書き下ろした脚本は必見です。ご興味のある方はぜひいらしてください。お待ちしております！

—キャスト—

語り手　：　可児真鈴
白ウサギ　：　金子みなみ
オオカミ　：　河田悠希
子ザル　：　越智美月
菩提樹の精　：　田谷朱音
人形遣い　：　鈴木莉子
　：　平川菜美
パフォーマー　：　全　員

—スタッフ—

音　　楽　加藤南佳　太田有紀　伊藤綾音　上野桃子
　高野真奈　布施葵　藤田美南
舞台装置　山崎礼奈　鈴木莉子　平川菜美　菅井紗良
小道具制作　世田谷学園中学高等学校　美術部の皆さん
照明・広告　高野真奈　木川恵
振り付け　田谷朱音　加藤南佳
舞台監督　藤田美南
ジャータカ物語アドバイス：早田啓子
脚本・演出・演技指導　：久米ナナ子
音楽・音響・歌唱指導　：永岡都　木間英子
舞台装置・小道具制作指導：早川陽　河内啓成　鶴川龍史

2019年11月9日(土)

１回につき30分前後、各回先着40名
※２公演目は貸し切りです。
場所：８号館２階２S３６教室
（詳しくは裏面をみてね！）

	開　場	開　演
１公演目	11時15分	11時30分
２公演目（貸し切り）	12時45分	13時00分
３公演目	14時15分	14時30分

問い合わせ先　昭和女子大学現代教育研究所

上演ポスター
2019年度　舞台劇『やさしい森の歌』

音楽

インド古典音楽の音階やリズムを参考にして音楽を作ったが、楽器選びも世界観を構築する決め手になる。冒頭の音楽は、踊りのカウントを決めてから作曲した。

冒頭に流れる「ようこそ ようこそ この森に」と最後に歌われる「たいせつなもの」は、この物語の中の「静」と「動」、あるいは「聖」と「俗」の対照的な2つの世界を体現している。

北インドの古典音楽には、ゆったりとした自由リズムの導入部「アーラープ」から始まって、次第に拍が明確になり、最後は速いテンポで奏者が互いに白熱した即興演奏を畳みかける、日本の「序・破・急」にも似た音楽形式がある。「ようこそ ようこそ この森に」と「たいせつなもの」もそのイメージで書かれているので、表示通りのテンポを守ってほしい。

永岡 都

音楽① ようこそ ようこそ この森に

OM《アオーム》 SHANTI《シャンティヒ》 SHANTI《シャンティヒ》 LOKAH《ローカーハ》 LOKAH《ローカーハ》 SAMASTAH《サマスターハ》 SUKHINO《スキーノ》 BHAVANTU《バーヴェントゥー》

(大意:すべてが憎しみのない友愛や平安に満たされますように 世界のすべてが至福に満たされますように)

「やさしい森の歌」は「アジアのどこかの青緑の森」が舞台である。大きな菩提樹が森の真ん中に立っていて、その「豊かな枝葉が風に揺れ、音楽を奏でているよう」な情景から物語が始まる。深い森の静けさや神秘を象徴するように、冒頭は鈴、あるいはマンジーラ(インドの民族楽器。小型のハンドシンバル)による微かな打音で始め(4小節)、そこに太鼓(バスドラムなど手打ちの太鼓)の打音(4小節)を加えていく。9小節目から低音のドローンとしてハルモニウム(インドの民族楽器)あるいはオルガンで和音を演奏する。主旋律は斉唱で行うが、シンセサイザーによるシタール音やリードギターを重ねても良い。歌詞はサンスクリット語でインド哲学の平和の根本思想を表現している。

TAMASOMA《タマソーマ》 JYOTIR《ジョーティル》 GAMAYA《ガマヤ》
（大意：暗闇から光明へと）

音楽③はきわめてゆっくり演奏すること。光り輝く月のうさぎをイメージして、メタロフォン、トーンチャイムなど透明感のある金属打楽器を使用すると良い。初演ではインドネシアのガムランで用いるサロンバルンを用いた。旋律の一部にサンスクリット語の歌詞が入る。

鈴（4小節）＋バスドラム（2小節）＋シタール（シンセサイザーやリードギターを使用してもよい）（2小節）の前奏を経て、歌が始まる。大団円の音楽にふさわしく、アップテンポで賑やかに演奏すること。バスドラム（手打ちの太鼓）は2小節で一つのパターンになるよう、リズムをアレンジしても面白い。また歌の旋律を楽器で演奏するのも良い。

音楽③　月のうさぎ

音楽⑥　たいせつなもの

舞台美術

大型人形と仮面演劇による舞台美術の制作

早川 陽

2期目は、大型人形や仮面演劇による身体表現を交えることになり、ミーティングを通して全体像が共有された。オリジナルの物語だったため、登場人物や物語の演出等は初期段階では明確に決まらず、状況を見ながら進める形となった。舞台の鑑賞対象者が幼児や児童であったこと、制作しながら表現をより進めていく活動が期待された。

舞台は昭和女子大学の教室にサイズを合わせた。大型の板段ボールで窓を塞ぎ、前年度に似た4面自立型の段ボール壁を設置した。中央は2分割されており、高さが200cm・幅240cmが2枚である。それぞれが倒れないように同素材の三角柱を支えとした。彩色はアクリル絵具で「深い森の中」をイメージしながら、刷毛やローラーで刷毛目が出るように塗装している。

エスキースやマケット画像からもわかるように、壁と教室の壁の間には80cm以上の隙間があり、演者が隙間を移動できるように配置した。中央の「菩提樹」は、天井まで高さが260cmあり、幹の太さも半面150cm程度の弧状である。表面に段ボールや布を接着し幹の模様を立体的に見せながら、同じくアクリル絵具で彩色をした。枝の形状はY字型になっており、演者が樹の後ろに設置した椅子を上り、顔を出すことができる。「オオカミ」を捕えるための罠に使用する布紐は舞台右側の「菩提樹」の枝に吊るした。

客席は最大50名程度入れるように、椅子席と、緑色の不織布を半月状に敷いた席を配置し、左右にスポットライトを設置した。照明はこのほかに、舞台裏側から変光可能なLEDライトを2台設置し、場面に応じて必要な光を壁の後ろ側から当てた。また壁の上部は光が漏れないように、布を天井から全面に吊るした。

出入口は教室の左側のドアを使用し、楽団は右側のドア側にスペースを確保した。舞台設置が進み、音楽や演技が加わり、作品の全体像が捉えられるようになると、作品の世界観に作りこむ、仕上げが一気に進んだ。布は、菩提樹の精の衣装、語り手の椅子を覆うカバー、菩提樹の幹の質感、罠の紐、天井から吊るした空間の繋ぎなどの役目を果たした。空間全体を振り返ると、布の質感や繋ぎ目としての演出効果は大事な構成要素であった。

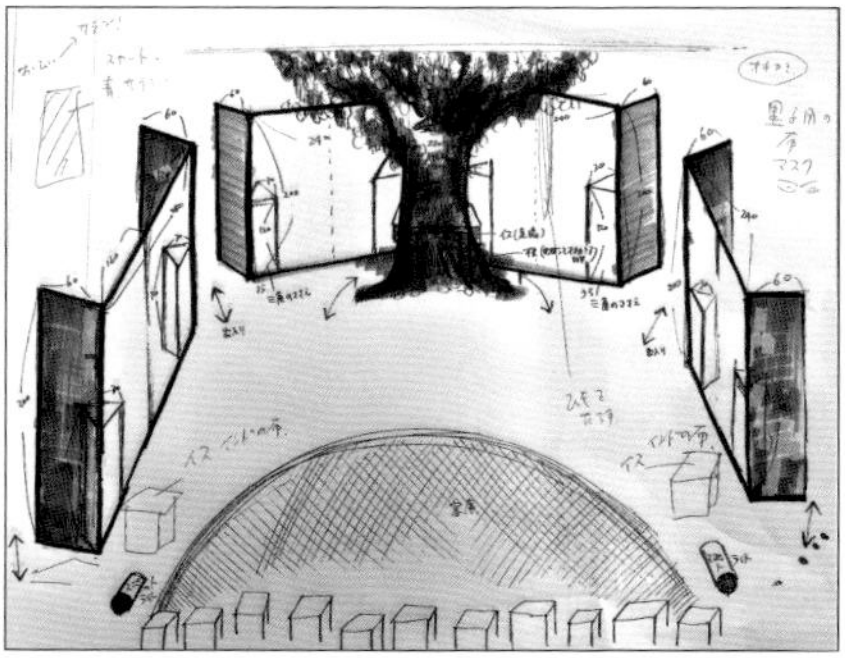
エスキース

マケット

子ザル仮面

オオカミ仮面

ウサギ仮面

オオカミの語り

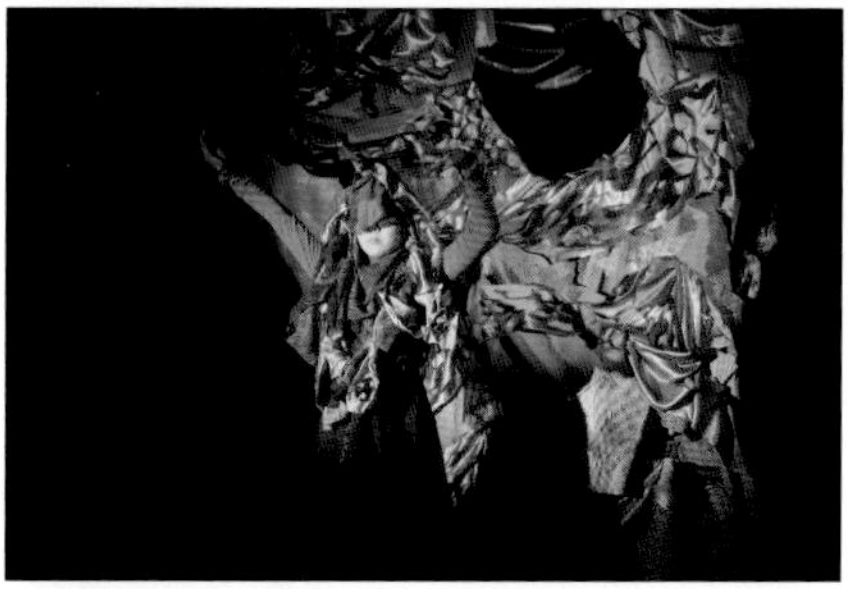
菩提樹の精

舞台左から（奥に楽団）

終幕（歌を歌う）

随想

PBLによる学びの深化とチームビルディング
――「やさしい森の歌」仮面・人形制作

河内啓成

「やさしい森の歌」は2020年当時、世田谷学園中学校・高等学校に勤務していた筆者が本研究に携わるきっかけとなった演目であり、高大接続を通して男子美術部員の芸術表現活動におけるPBL（Project Based Learning）の可能性を感じた活動であった。舞台芸術はそもそも個人の努力だけで成し得ることはできず、協働しながら公演当日までの期間、制作物と向き合い続ける。生徒たちは長い制作期間の中で、課題解決型の思考力、協働による責任感と主体性の獲得によって大きく成長できたと実感した。

PBLは「課題解決型学習」として、生徒が自ら課題を発見し課題を解決する学習方法であり、自分自身の頭で考え、さらにそれを整理していく過程で思考力が鍛えられると期待されている。まさに舞台芸術は課題を各自が発見し、これまでの経験と知識を活かしながら、また足りない時には互いに補い合い課題を解決することの連続であった。

まず、仮面及び人形制作はSNSを活用して議論を行い、造形班、デザイン班、着彩班などの役割が個人の得意分野ごとに振り分けられ、10名の生徒それぞれが制作と意見交換を繰り返し造形が進んだ。イメージが大学から伝えられるたびに創意工夫が繰り返され、初めに考え出されたデザインは回を重ねるごとに進化した。インドの伝統的な模様を研究する者、素材の加工を工夫する者、演者の動きを想像しながら人形の稼働部位をデザインする者など、それぞれの課題を発見し解決する思考力を獲得することができた。また、協働する中で各自が認め合うようになり、各自の自尊感情の高まりと共に技術的に補い合うチームワークが生まれ、結果として独創的なデザインの「子ザル」「オオカミ」「ウサギ」の仮面及び人形と「森の精」の衣装を制作することができた。もちろん互いに技術や感じ方の差、意思疎通など協働の難しさもあったが、長期間にわたり取り組み最後までやり遂げた彼らからのコメントからは十分満足感が伝わった。

そして舞台芸術に関わるまでは受動的であった中高生が、締め切りや観客がいること、大学から仕事を任されたことへの責任感の中で、主体的に関わり活動する姿が見られるようになった。初日の上演後には次の日に向けて、制作物の壊れかけた箇所の補強や手直し、片づけなどを積極的に動けるようになっており、これまでの美術部員では見られなかった光景であったこと。この変化はそれぞれが表現者として本気で舞台制作に取り組んだ結果であり、それは単に作ったり描いたりといった自己の喜びから、観る者へ「どの様に伝わるか」「喜んでもらいたい」という意識の変化によるものと考えられる。

随想

やさしい森の歌を終えて

早田啓子

この年のプロジェクトでは、アジアの昔話や民話といった民間伝承を取り上げてアジアの文化を研究課題とした。まず具体的な民間伝承を選定し、脚本、美術、音楽や演劇など学生と研究員が協力して創り上げるという大掛かりな創作舞台の作品となった。

筆者は本プロジェクトの趣旨に沿って、まず作品の骨子となる「月のうさぎ」という民間伝承作品を選定し、これを叩き台にして各担当が作品の肉付けを行っていった。以下この作品の概要を述べていく。

この「月のうさぎ」という話は、インド文学の「ジャータカJATAKA」という作品集に収められている。この作品集はインドで紀元前3世紀末頃成立した22編547話から成る仏教文学である。ブッダがこの世に生まれる以前の物語で、覚りを得る前の修行者ブッダ（菩薩）が過去世において功徳を積み、現在世でブッダとなることができた因縁を物語る。典拠となる経典類は“Vessantara-Jataka”(Pa.)、“Visvantara- Katala”(Skt.)、漢訳には『六度集経』巻二、『太子須大拏経』、『菩薩本縁経』上、『有部毘奈耶薬事』一四などがある。日本ではPali語から完訳された『南伝大蔵経』三蔵の経蔵に収蔵されている。文学作品では『三宝絵詞』上、『今昔物語』巻五、『宇治拾遺物語』、『沙石集』

などにも取り入れられている。

「ジャータカJATAKA」の構成は、現在世物語・過去世物語・来世物語の三部が韻文と散文とから成る。インドの古い口承や昔話や伝説の中にある面白い説話を取り込み、世界の説話文学の宝庫となっている。紀元一世紀、大乗仏教が興起する頃の修行僧たちは、この面白くて教訓的な話を利用して一般の民衆を教化したと考えられている。大乗仏教の根底には衆生の救済という菩薩の思想があり、それは利他（⇔自利）の思想であり、自己犠牲によって衆生を済度し涅槃に導くという考え方である。仏教がインドから各地へ伝幡されると、世界各国の美術や文学に影響を与えた。美術ではインドのバールフットやサンチーの仏塔レリーフ、アマラバティー、マトゥーラ、ガンダーラ、アジャンター、ミャンマーの仏塔基壇のレリーフ、タクラマカン、中央アジアのキジル、クムトラの絵画、敦煌、雲崗、龍門、ボロブドゥールや日本の法隆寺玉虫厨子の絵画などであり、文学では『イソップ物語』『アラビアンナイト』などに影響を与えた。

「月のうさぎ」の物語の内容は、猿、狐、うさぎの3匹が、山の中で倒れている老人に出逢い助ける話である。ジャータカは特別な形式と内容を備えた古い仏教文学のジャンルの物語である。前生譚・本生経・本生物語とも言われ、前述のようにブッダ出生以前の物語で、覚りを得る前の修行者の姿をボディーサットバ（菩薩）とかマハーサットバ（大士）と呼んだ。過去世における善行や功徳が現在世の因縁となる根底には古代インドの輪廻転生観を受け継ぎ、すべての生あるものはその行いの善悪によって相応のところへ生まれ変わり死に変わりして止むことがない、という業報思想が基盤になっている。特に慈悲や捨身の物語（自己犠牲）は聞く人を感動させ、仏教圏に広く流布した。

本プロジェクト「やさしい森の歌」は前述のように、アジアにおけるインドの精神文化を継承した格調高い古典作品「ジャータカJATAKA」を土台にした「表現教育グループ」による総合舞台作品であると自負している。

第3章

人形劇の動画制作と配信

人形劇
ドロシーと愉快な仲間たち

人形劇
ドロシーと愉快な仲間たち

The puppet drama "Dorothy with Happy Friends"

登場人物
- ドロシー
- トト
- カカシ
- ブリキマン
- ライオン
- 魔女
- オズ
- 花々
- 語り

ドロシーの家

脚本・演出　久米ナナ子
初上映：2020年　上映時間：13分47秒

『ドロシーと愉快な仲間たち』の「舞台劇」を、2年後に「人形劇」としてアレンジしている。チェコ共和国のマリオネット（操り人形）劇を参照し、20㎝～45㎝の人形を6体、小道具を制作し、組み上げた舞台の中で操作する。人形は図工室・美術室にある木っ端、粘土で造形し、水彩絵の具で加飾、端切れやフェルトで衣装を縫った。コロナ禍においては、背景画をシーン毎に変更して撮影、音響とセリフを別に録音し、動画編集によって合わせている。インターネット上の3D仮想空間による上演会場の演出等、動画配信による見せ方には工夫ができる。ライブ上演の場合、人形操作の動き、音響と演奏、役者によるセリフの有無をその場で合わせる面白さと、どこでも行きたい場所に移動し、上演できる軽快さに魅力がある。（早川）

参考資料：Lyman Frank Baum（2008）『The Wonderful Wizard of Oz』Oxford University Press
ライマン・フランク・ボウム著／江國香織訳（2008）『オズの魔法使い』BL出版

場面1　竜巻

タイトル文字①　「ドロシーと愉快な仲間たち」（緞帳幕の前に）　→**演出1**

★音楽①　**オープニング「願いをかなえよう」　イン**

■背景①　**舞台前幕**

語り❶-❶　ドロシーという明るい女の子が愛犬のトトと大きな草原に住んでいました。ある日、竜巻がおきてドロシーとトトは空高く吹き飛ばされてしまいました。　→**立ち位置図1**

★音楽①　**アウト**

■背景①　**アウト舞台前幕**

◆効果音①　**竜巻（風の音）「ピュー」**

ドロシー❶-❷　あ〜

トト❶-❸　ワンワン

立ち位置図1

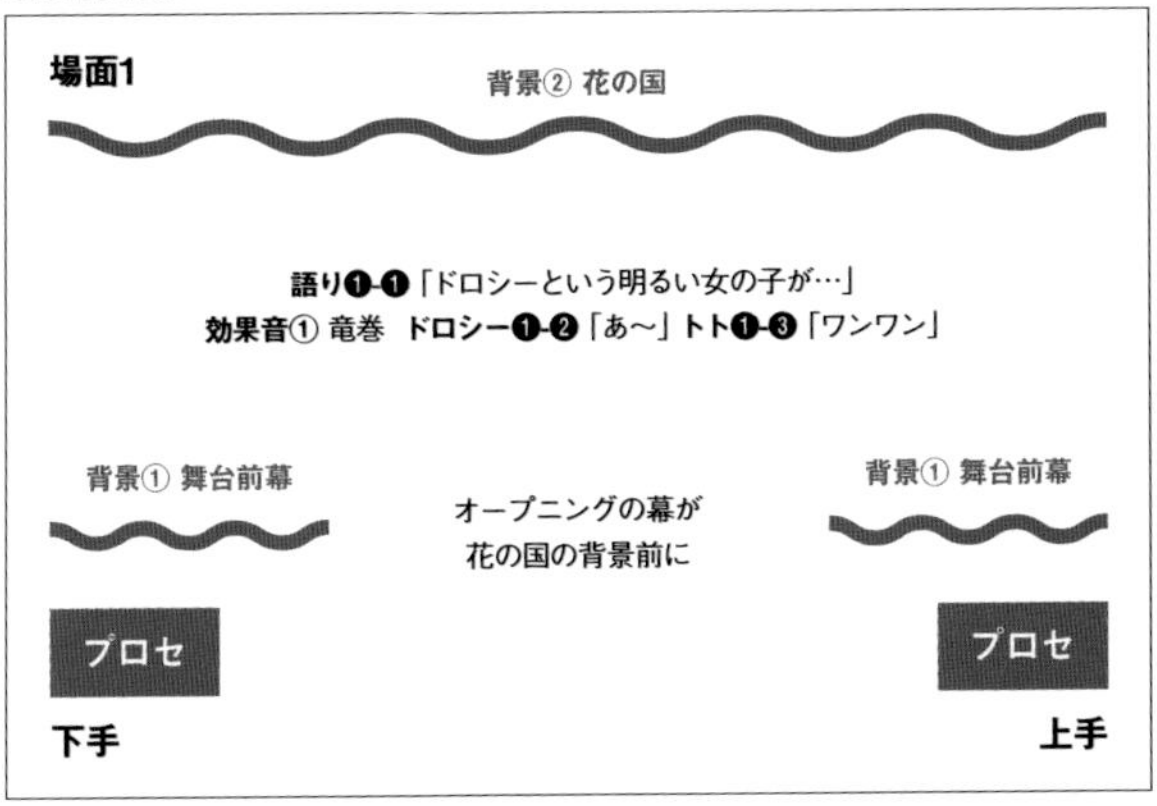

立ち位置図の説明はPP.70-71を参照

演出1：キャラクター下の通し番号は編集作業の為とキャラクターを演じる声優たちの目安になるものである。

場面２　花の国

■背景②　花の国　→演出２

◆効果音②　家が地面に落ちる音「ドン」

魔女❷❶　ぎゃ〜（叫び声）

（下手より銀の靴を履いた魔女の足がたおれて出てくる）

（ドロシー：風に飛ばされて上から舞台中央に落ちるように登場）

ドロシー❷❷　キャ〜

（トト：上手より吠えながら登場）

トト❷❸　ワンワン

（ドロシー：舞台下手に横たわる足を見て）

ドロシー❷❹　わ〜たいへん！人が家に挟まれちゃった！トトどうしよう。

（トト：それに反応）

トト❷❺　ワンワン

★音楽②「花の国（優しい曲調）」イン　→演出３

■背景②（背景画の花々が音楽インのキッカケで花が咲き出すなどあっても良い）

演出２：場面２はドロシー登場までは効果音と叫び声だけで演じられる。幕開けなので印象的な場面にすることが望ましい。竜巻に飛ばされ家は魔女の上に落ちドロシーとトトは竜巻の風に煽られながら空から地面に降り立つイメージである。

小さいサイズの魔女の足

演出３：音楽「花の国」は優しい曲調が良い。背景画の中で花々が咲き出す仕掛けや舞台上に花々が咲き誇るような場面を考えて欲しい。花々の話し方は妖精を感じさせ愛情豊かでドロシーとトトを優しく導くのである。

＊同じ背景画で花が咲く仕掛けでも良い
＊花々の声は妖精のような声

★音楽②　フェイドアウト

花々❷-❻　ありがとう。私たちを苦しめた魔女がいなくなりました。
ドロシー❷-❼　魔女？この銀の靴を履いた足が？（魔女の足をみる）**→立ち位置図2**
花々❷-❽　そうです。竜巻で飛ばされたあなたの家は東の悪い魔女を退治してしまったのです。
ドロシー❷-❾　私はどこにいるのですか？
花々❷-❿　花の国です。これで私たちはきれいに咲くことができます。
ドロシー❷-⓫　お願いです。私は自分の家に帰りたいのです。
花々❷-⓬　それではエメラルドの都へ。「オズ」に会いに行きなさい。願いを全て叶えてくれますよ。
花々❷-⓭　魔女の靴を履いてあの黄色いレンガの道を進むのです。

立ち位置図2

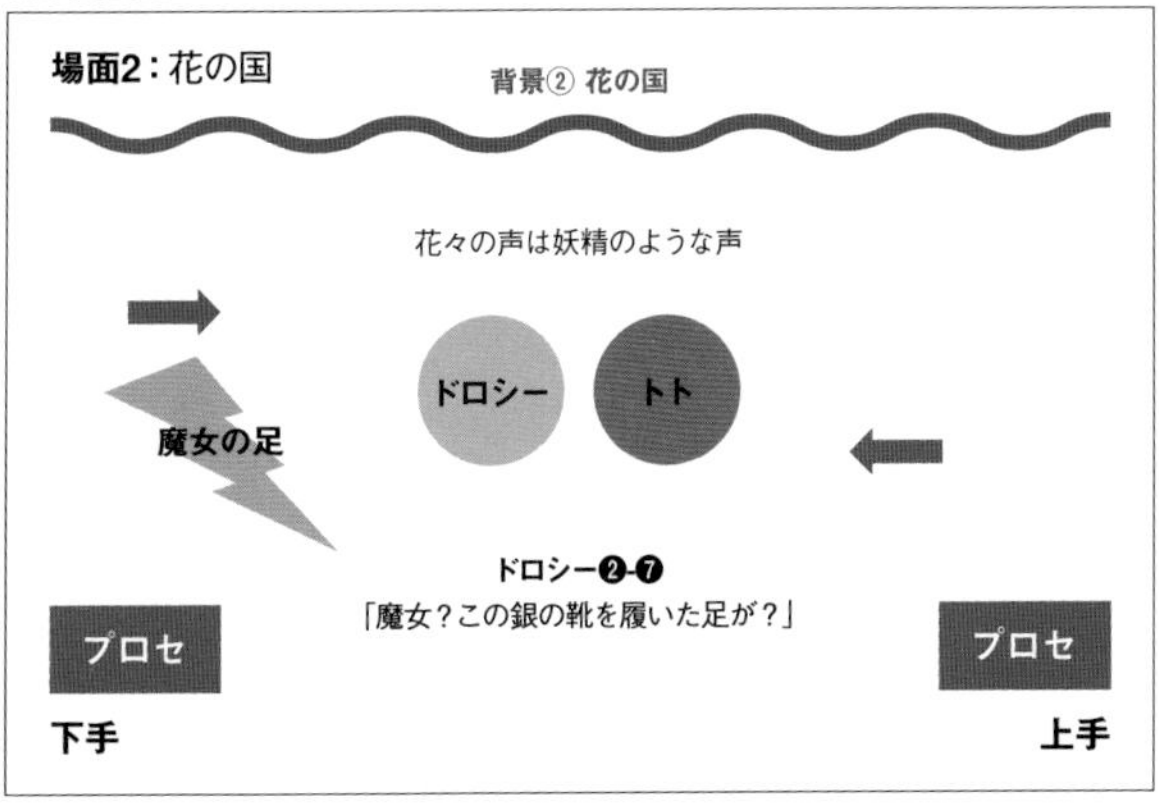

場面3　黄色いレンガの道

■背景③　黄色いレンガの道
★音楽③-①「黄色いレンガの道」イン

語り❸-❶　ドロシーはトトと一緒に黄色いレンガの道を歩きだしました。
　→立ち位置図3
（ドロシー：下手にはける。トト少し遅れドロシーについていく）
（魔女の足：ドロシー退場と共に舞台から消える）
（ドロシー：下手より再び登場、遅れてトトも下手より登場しドロシーにつづく）
（カカシ：ドロシーの下手登場キッカケで上手のプロセニアム横に登場）

★音楽③-①　アウト

カカシ❸-❷　あぁ頭が良くなりたいな～。願いを叶えたいな～。
（ドロシー舞台中央で止まり、カカシを見つける）→演出4

ドロシー❸-❸　こんにちは。何かお願いしたいことがあるのですか?
カカシ❸-❹　僕の脳みそはわらばかり。考える力が欲しいのです。
ドロシー❸-❺　それでは私と一緒に願いを叶えてくれる「オズ」のところへ行きませんか。
語り❸-❻　カカシは大喜びでドロシーと一緒に行くことにしました。

立ち位置図3

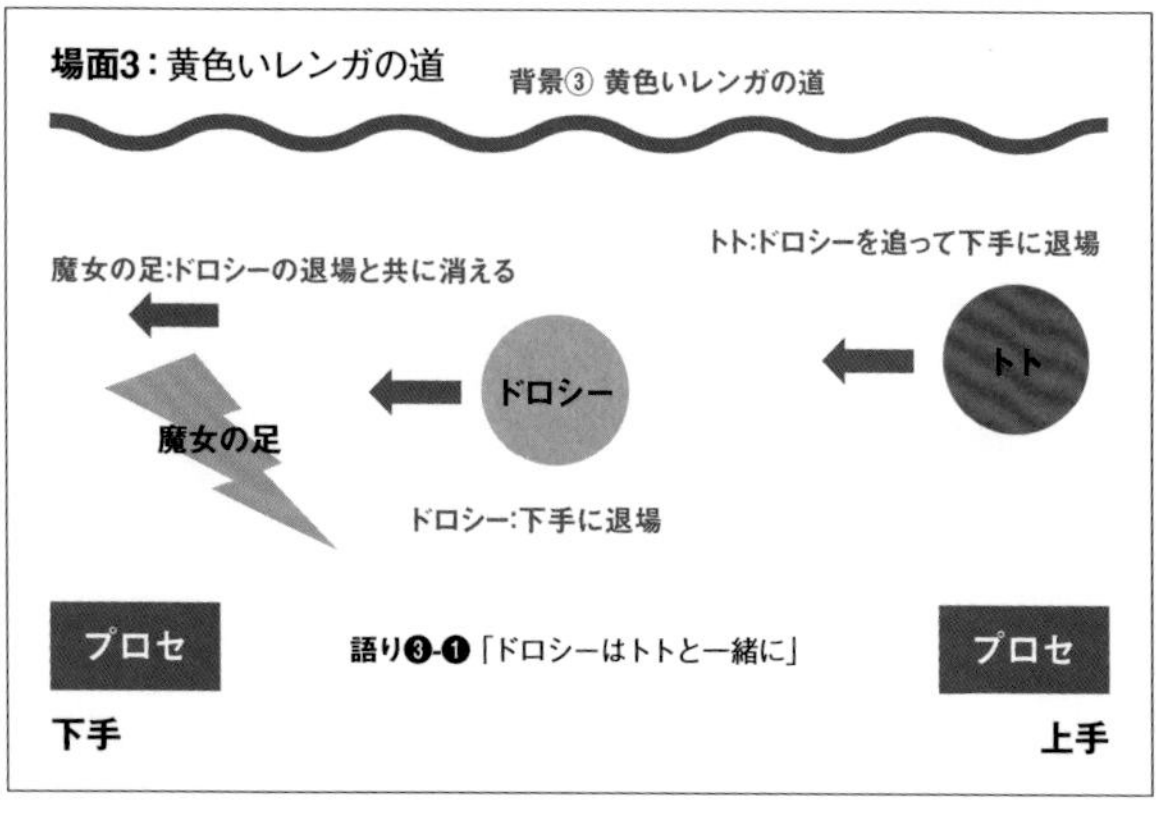

演出4：ドロシーは人見知りしない明るい性格である。黄色いレンガの道で旅を共にする仲間たちと次々と出会っていく。声優はそんなドロシーのわくわくしている気分を感じ素直な気持ちで表現していくこと。語りは話す前に一呼吸置いてから、そして物語をゆっくりと観客に伝えていくイメージを心がける。

★音楽③-② イン →音楽1

（トト：カカシを囃し立てるように追っかけてカカシと上手へはける）

（ドロシー：舞台中央に登場）

（トト：上手に動くキッカケで下手にライオン登場）

（ライオン：下手からのっそのっそと下手プロセに登場）

★音楽③-② アウト

ライオン❸❼ あぁ勇気が欲しい！勇敢なライオンになりたい。
うぉう〜。 →立ち位置図4

（ドロシーは下手のライオンに気づき少し近づき）

ドロシー❸❽ ライオンさん。その願いをオズに叶えてもらいましょうよ。

語り❸❾ ライオンも喜んでドロシーと一緒に行くことにしました。

★音楽③-③ イン

（ドロシー：舞台中央より歩き出し上手にはける）

（ライオン：ドロシーの後をゆっくり歩き上手にはける）

★音楽③-③ アウト

（ブリキマン：下手より登場）

（ブリキマンは今までの全てのなりゆきを見ていた）

立ち位置図4

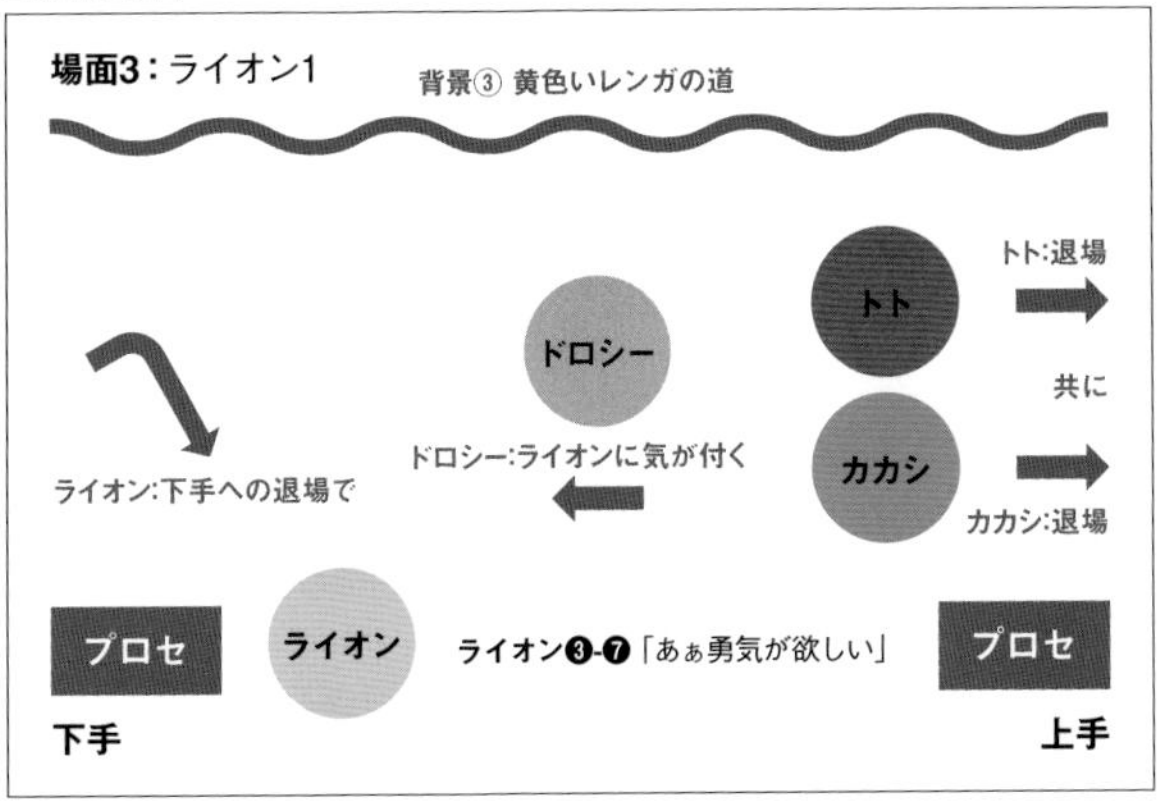

音楽1：「黄色いレンガの道」は、登場人物が仲間に加わるたびに、少しずつ楽器パートを増やしていくなどの工夫をしてもおもしろい。

ブリキマン❸-⑩　私はブリキの体に人を思う気持ちが欲しいと思っていた。
よし！私も彼女たちと一緒にオズに会いに行こう！　**→立ち位置図5**

★音楽③-④　イン

（ブリキマン：ドロシーたちを追って上手に歩き上手にはける）

★音楽③-④　歩くアウト

語り❸-⑪　ドロシーは、カカシ、ブリキマン、ライオンとエメラルドの
都に行くことにしました。

★音楽③-⑤　イン

★音楽③-⑤　アウト

場面4　エメラルドの都

■背景④　エメラルドの都**（美しいエメラルド色の街並み）**

★音楽④「エメラルドの都」イン　**→音楽2**

音楽2：神秘的で金属やガラスを連想させるような硬質な音響が良い。

立ち位置図5

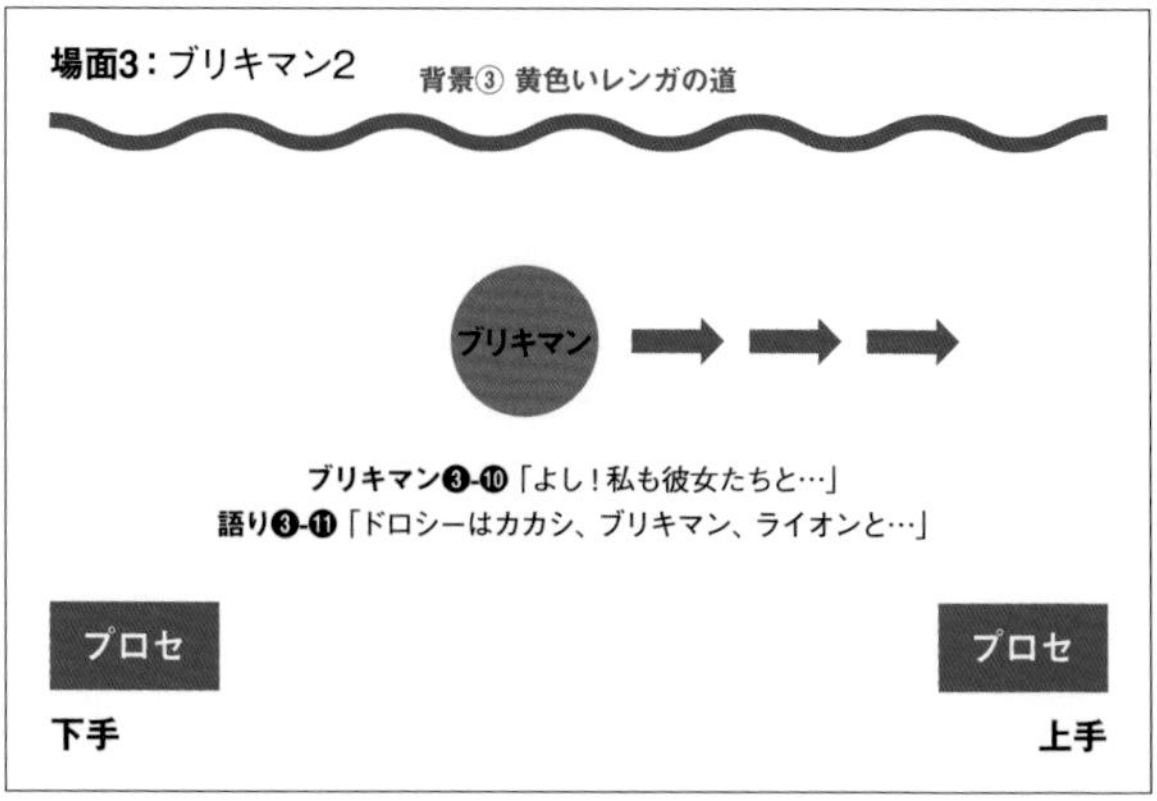

語り④-❶　ドロシーと森で会った仲間たちはエメラルドの都につきました。

★音楽④　フェイドアウト

■背景⑤　天井までつきそうな大きな壁。壁に目玉と口を持つエメラルド色の顔

（オズの目玉：ギョロギョロ動く）　→演出5

（ドロシーとトト：不安な面持ちで上手より登場）

◆効果音③　**「オズの部屋」　フェイドイン**　→音楽3

語り④-❷　オズはドロシーだけを彼の部屋によびました。　→立ち位置図6
ドロシーは大きな壁の前まで進みました。

オズ④-❸　このオズ大王様に願いを叶えてほしいというのはお前か〜。　→演出6

（部屋に響くオズの声）

ドロシー④-❹　はい、私はドロシーと言います。そして愛犬のトトです。
3人のともだちとお願いがあってきました。

ドロシー④-❺　カカシさんは「考える力」を、ライオンさんは「勇気」を、
ブリキマンさんは「温かい心」を望んでいます。

ドロシー④-❻　そして私はトトと自分の家に帰りたいのです。

（オズの目玉：ギョロギョロ動く）

ドロシー④-❼　どうか私たちの願いを叶えてください。

◆効果音③　**「オズの部屋」　アウト**

演出5： 重苦しい雰囲気のオズの部屋。

音楽3： 重低音がよい。初演では銅鑼《どら》と大太鼓を組み合わせて録音した音データにエフェクトをかけてオリジナル・サウンドを作った。

立ち位置図6

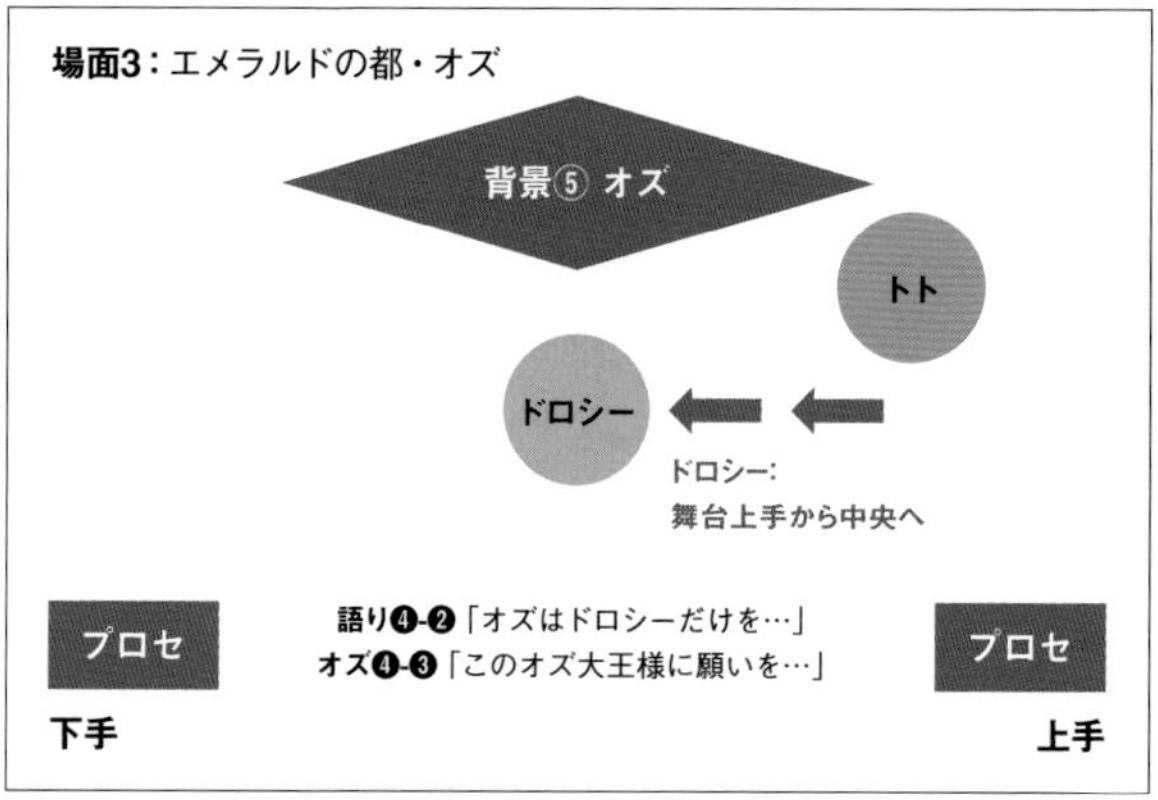

演出6： オズの声は低く人々を不安にさせる話し方をする。

オズ❹❽　うるさ～い！（大きな声で）　→演出7
オズ❹❾　それでは西の国にいる魔女を消し去るのだ！
オズ❹❿　悪い魔女を退治できたらお前たちの願いを叶えてやろう！
　さぁに西の国へ飛んでゆけ～。
語り❹⓫　オズはあっという間にドロシーたちを西の国に吹き飛ばしてしまいました。

場面5　西の国

■背景⑥　西の国（悪い魔女の国）
★音楽⑤　「西の国の魔女」イン　魔女　→音楽4
（ドロシー：背景が変わると上手舞台奥で床を磨いている）

語り❺❶　ここは西の国。悪い魔女のお城です。
　ドロシーは魔女に床を磨くようにいわれました。
（魔女：下手より登場。部屋の下手部分をゆっくりと歩く）
★音楽⑤　アウト
魔女❺❷　うわっはっはっは～（不気味な笑い声）　→演出8
魔女❺❸　もっと綺麗に磨くのさ～（意地悪そうな声で）
魔女❺❹　空から召使いが降ってきたとは…
　ちょうど欲しかったところさ！

演出7：オズの声はドロシー達を西の国に吹き飛ばしてしまう勢いがある。

音楽4：不気味なサウンド。恐怖だけでなく、どこかユーモラスな感じをただよわせるように。

演出8：魔女の第一声である。意地の悪さと不気味さを持ち合わせた声にすることを意識する。ドロシーとの因縁をここで観客に説明していくセリフである。ゆっくりと落ち着いて話すこと。意地の悪い魔女の性質と同時にどこか間が抜けている感じを声で表現していくこと。

魔女❺❺ しかも、お前は私が探していた靴を
履いているじゃあないか！

魔女❺❻ さぁ～今日こそ銀の靴をお渡し！

ドロシー❺❼ ダメよ！この銀の靴は誰にも渡さないわ！

（ドロシー：上手に逃げるようにはける）

魔女❺❽ 逃してなるものか～待て～

（魔女：ドロシーを追いかけて上手にゆっくり退場）

（ドロシー：上手より再び登場。下手に逃げるように退場）

（魔女：上手よりゆっくり走りながら登場。舞台中央で息きれ）

魔女❺❾ ハーハー　**→演出9**

（魔女：フラフラしながらも下手へドロシーを追う）

魔女❺❿ 待て～小娘～　**→立ち位置図7**

（舞台には誰もいない）

◆効果音④　部屋の奥。魔女とドロシー追いかけっこをしている雰囲気　**→音楽5**

（カカシ：下手より登場）

カカシ❺⓫ ドロシー～ブリキマンさんが君を救いたくて
鉄の扉を叩いて開けてくれたんだ！今助けに行くよ～

（カカシ：ドロシーを追って上手へはける）

立ち位置図7

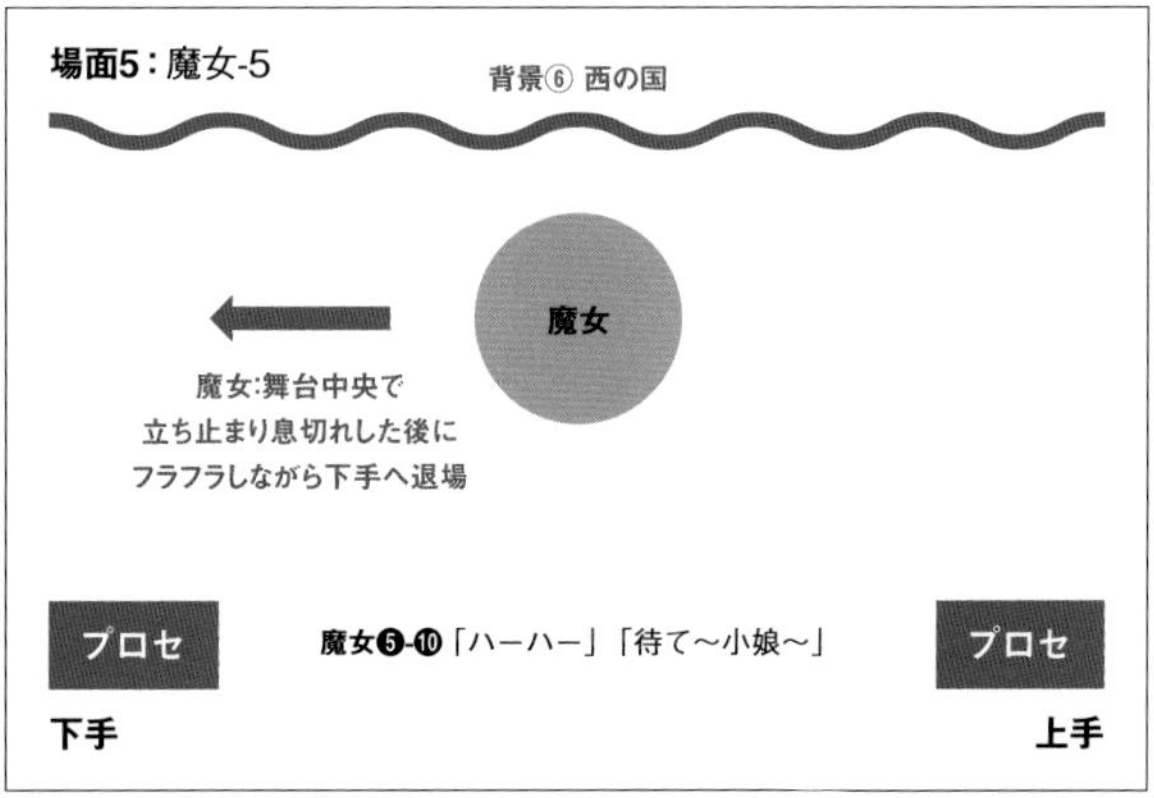

演出9：若いドロシーを追いかけて疲れ出した魔女の様子を想像しながら声の出し方を調整し魔女の余裕のない雰囲気を表現していく。

音楽5：ドラムやパーカッション楽器でリズム・サウンドを作ってもよい。

（ライオン：下手より中央まで登場。舞台中央奥で前を向き雄叫び）

ライオン❺⓬　ドロシーのためなら勇気が出てきた！
魔女なんて怖くない！うお〜。

（カカシ：ライオン登場と同じくして上手からプロセ前に登場）
（ブリキマン：下手からプロセ前に登場）

ブリキマン❺⓭　ドロシー、カカシ君は魔女が消える秘密を見事に解き明かしたんだ！

全員❺⓮　魔女は水で溶けてしまうんだよ！

◆効果音⑤　とても勇敢なライオンの吠える声
（舞台には３人形〈上手：カカシ　中央：ライオン　下手：ブリキマン〉ドロシーを応援している雰囲気を）

ドロシー❺⓯　（声のみ）わかったわ。よ〜しこの水を魔女に「えい！」

◆効果音⑥　バシャーン（水をかける音）

魔女❺⓰　（声のみ）やめて〜やめて〜　（魔女が消えていく）
（魔女の帽子のみが舞台の上から降ってくる。魔女は消えている）
→立ち位置図8
（舞台の３人形喜ぶ）

全員❺⓱　やった〜。これで願いが叶うね〜。さぁオズに報告しよう！

バケツの小道具

立ち位置図8

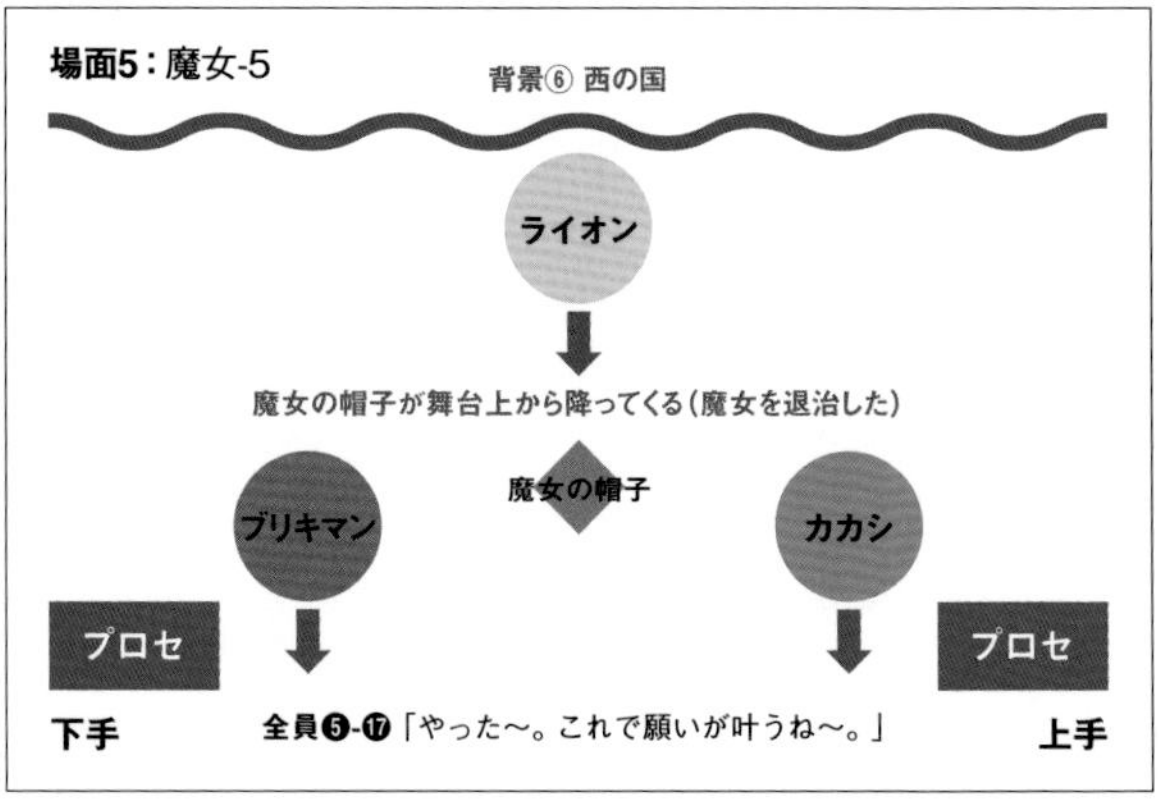

場面6　オズの部屋

■背景⑤　天井までつきそうな大きな壁
（壁に目玉と口を持つエメラルド色の顔）

◆効果音③　「オズの部屋」（部屋の中で静かに鳴っている）

語り6-1　ドロシーたちは無事にエメラルドの都へもどりました。
でも、オズの部屋には誰もいませんでした。

ドロシー6-2　大王さま～　→演出10

①（上手からブリキマン登場。舞台上手プロセに立つ）
②（上手からカカシ登場。上手舞台後ろに立つ）
③（下手からドロシー登場。下手舞台後ろ壁前に立つ）
④（下手からライオン登場。下手プロセ前に立つ）

語り6-3　ライオンさんが勇気を振り絞って大きく吠えました。

◆効果音⑤　ライオンの吠える声

（壁の目：ライオンの雄叫びで大きく開く）

ドロシー6-4

あれ？　ねぇ、みんなここに手紙があるわ。　→演出11

（ドロシー：床に手紙を広げる）

演出10：ドロシーは魔女を退治したことを早く大王に伝えたい気持ちと大王が部屋に居ないので探しながら少し不安になりはじめている。

演出11：手紙を見つけ「これは良い知らせ」と思いたい気持ちが声になる。

（カカシ・ブリキマン・ライオン：手紙をそれぞれの場所から覗き込む）

ドロシー❻❺　ごめんなさい。私は「オズ大王」ではありません。→演出12

（人形たち：その文章に「えっ！」というリアクションをする）

ドロシー❻❻　実は私の乗っていた気球の綱が切れて、この都にたどりつきました。人々は空に浮かぶ大きな気球を見て私を大王と勘違いしたのです。

ドロシー❻❼　私は皆さんの願いを叶えることはできません。

全員❻❽　は〜（ため息）→演出13

語り❻❾　オズが大王でなかったことを聞いてみんなとてもがっかりしました。

ドロシー❻❿　まって！もっと書いてあるわ。→演出14

ドロシー❻⓫　カカシ君！きみはすでに素晴らしい知恵を持っている。魔女が水で溶けるという秘密を一人で解き明かした。

カカシ❻⓬　そうか、僕には知恵があるんだ！

（ドロシー：手紙を読み続ける）

ドロシー❻⓭　ブリキマンさん！あなたは魔女にいじめられているドロシーをとても心配して鉄の扉を開いた。その心は温かく愛情に満ち溢れていたさ。

（ブリキマン：喜ぶ）

ブリキマン❻⓮　私のブリキの体にも温かい心があるのですね。

（ドロシー：手紙を読む）

ドロシー❻⓯　ミスターライオン殿！大空に響く雄叫びは悪い魔女が腰を

演出12：「良い知らせ」ではないことに読みながら気づき声は段々沈んでいく。

演出13：全員一緒に意気消沈である。

演出14：ドロシーの「まって！」は一気に話の雰囲気が変わっていく一言である。ドロシーは良い知らせを既に感じている。

帽子と手紙

抜かしてしまうほど勇ましかった。
あなたは誰もが認める勇敢なライオンです。

（ライオン：自信に満ちた力強い雄叫びで吠える）

◆効果音⑤　ライオンの吠える声

（ドロシー：手紙から目を離し、舞台中央まで動き前を向き） →演出15

ドロシー❻-⓰
オズさんの言う通りだわ。
人の力に頼らずみんなで協力して私たちは願いを叶えたのよ。

（カカシ：手紙に何か書いてあることを見つけて）

カカシ❻-⓱
ドロシー！君が家に帰るためには履いている銀の靴を
窓からの光にかざしなさいと書いてあるよ。

カカシ❻-⓲
ドロシーも願いが叶うね。よかったね。 →演出16

◆効果音⑦　歓喜の声と拍手

（カカシ・ブリキマン・ライオン：ドロシーを見送るように上手にはける。ドロシーは残る）

場面7　願いをかなえよう

★音楽⑥-①　主題歌「願いをかなえよう」（合奏のみ）イン

（舞台中頃に幕を下ろし人形3体は見えなくなる）

■背景⑧　エンディングの幕

演出15：ドロシーの嬉しい気持ちが願いは必ず叶う自信があったかのように軽やかな弾んだ声で表現される。

演出16：カカシもドロシーの願いが叶ってとても嬉しい気持ちである。

エンディングの幕

★音楽⑥-①　主題歌「願いをかなえよう」（合奏のみ）少し音量をさげる

（幕の前、舞台中央にドロシー。トト下手から嬉しそうに登場）

ドロシー❼❶　さぁトトお家に帰りましょう。↓演出17
見て！銀色の靴が七色に輝き出したわ。

ドロシー❼❷　カカシさん、ブリキマンさん、ライオンさん
ここまで愉快な仲間でいてくれてありがとう。↓演出18
いつまでもみんなのことは忘れないわ。

トト❼❸　ワンワン

★音楽⑥-②　主題歌「願いをかなえよう」（歌と合奏）イン

（フルバージョンを全員で歌う）

★音楽⑥-②　アウト

演出17：ドロシーは観客に向けて私達を見届けてくれてありがとうという気持ちも込めている。

演出18：別れの挨拶でもあるがドロシーの軽やかさと明るさは変わらない。仲間たちも嬉しい気持ちで彼女を見送るのである。

エンディングのシーン

人形の紹介

人形を制作した学生、生徒のコメントです。

「ドロシー」「魔女」は大学生、「トト」「カカシ」「ライオン」「ブリキマン」は中学生と高校生が作りました。

「ドロシー」

可愛らしく作りたかったので、小さめで華奢になっています。洋服は縫っていて、ピンクの頬と目立つ髪の毛の色がポイントです。物語の中で仲間を先導し、魔女に立ち向かうので、表情はハッキリとしています。

「トト」

間の抜けた犬を作りたかったので焼き物のような雰囲気にしました。縄文時代から人間との交流があり、賢く、また忠誠心の強い柴犬をモチーフにしています。柴犬に決めたあとに黒柴に決定したのは好みです。

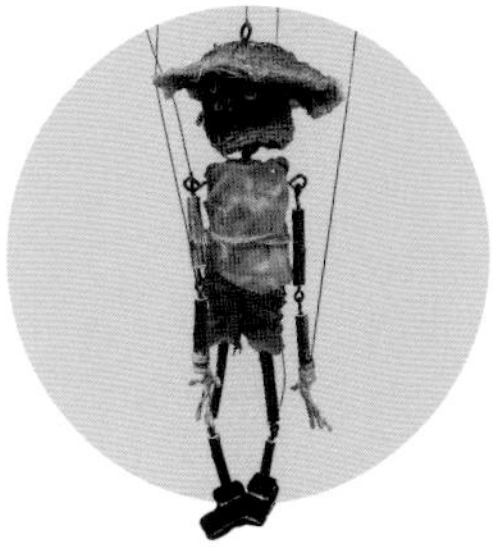

「カカシ」

頭の中は藁が詰まっています。剽軽さと可愛らしさで周りから愛されています。他のキャラクターと差別化するためにバルサ材の露出をなくし、絵具を拭いて汚れた雑巾を重曹と石鹸で洗ってから使用しました。

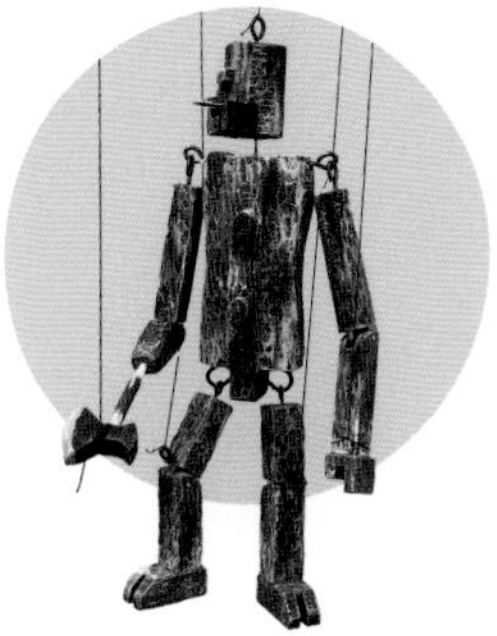

「ブリキマン」

元は木こりで、温かい心を失ったと思っていますが、本当は心優しいキャラクターです。 唯一機械なので金属の質感、錆を表現しました。目を付けていないのは感情が見えにくいブリキの固さを伝えるためです。

「ライオン」

物語の中でライオンは勇気を求めていて、性格は内気で臆病なイメージです。旅を通じて少しずつたくましくなります。最初の喋り方は語尾を濁していますが、その後徐々に語尾まではっきり喋ると思います。

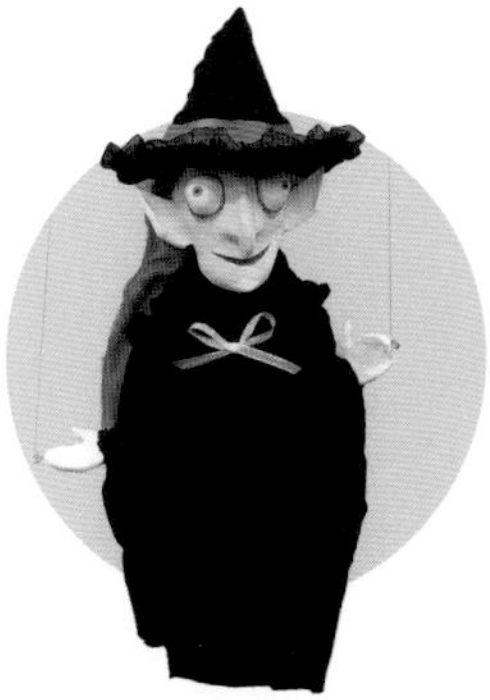

「魔女」

意地悪で怖くて陰湿そうな魔女です。鼻が大きく、目が飛び出て、血色の悪い肌の色にしました。三角帽子を大きく作っています。帽子にフリルのレース、服にリボンが付いているので、実は可愛いものが好きです。

「進行表」と「立ち位置図」について

久米ナナ子

人形劇『ドロシーと愉快な仲間たち』と最終年の人形劇『さくらの夢』は新型コロナウィルス感染症の拡大に見舞われることになった。例年対面で行っていた上演へ向けての作業を出来る限り避けながら制作を進めていかなければならなかった。そこで演出をしていくうえで「進行表」と「立ち位置図」という方法が最善策ではないかと考え取り入れる事とした。

「進行表」は上演を進行するために各チームの役割などを詳しく一覧表としたものである。作品の流れを全員にわかりやすく伝えていくためのものでもある。舞台・映画・映像などの仕事では香盤表《こうばんひょう》と呼ばれる。大勢の人々が関わるプロの現場では香盤表が本番を支障なく進めるためにとても重要な資料となる。このプロジェクトでは「進行表」と名付けた。

「立ち位置図」は劇中の人形や背景の動き、また演出意図などを可能な限り事細かに図によって説明したものである。演出からの指示が、実際に稽古をしながら出せないのと、作品の流れを細かく対面で伝えていけないので、全てのキャラクターの動きを場面ごとに一目でわかるように見易さにも配慮し図の中で解説していく事とした。これによって人形遣いは舞台周りの自分たちの動きが明確になった。キャラクター像のイメージの参考にもなり、それぞれのチームには脚本と同様重要なものとなった。なお、この冊子では「進行表」と「立ち位置図」は一部のみを掲載している。

進行表／場面1「竜巻」（詳細は脚本・人形劇『ドロシーと愉快な仲間たち』はP.55を参照）

場面	編集	音楽	SE	背景	役	番号	ト書き
1	1-1	1-1					タイトル文字「ドロシーと愉快な仲間たち」（緞帳幕の前に）
							音楽1:オープニング
				1-1			舞台前幕
					語り	1-1	ドロシーという明るい女の子が愛犬のトトと大きな草原に住んでいました。ある日、竜巻がおきてドロシーとトトは空高く吹き飛ばされてしまいました。
				1-2			舞台前幕アウト
			1-1				**SE1:**竜巻（風の音）「ピュー」
					ドロ	1-1	「あ～」
					トト	1-1	「ワンワン」

進行表／場面3「黄色いレンガの道」（詳細は脚本・人形劇『ドロシーと愉快な仲間たち』はPP.58-60を参照）

場面	編集	音楽	SE	背景	役	番号	セリフ・音楽／音響	ト書き
3	1-1			3-1			黄色いレンガの道	
		3-1					**音楽3:**黄色いレンガの道 （歩くテーマ曲）	
					語り	3-1	「ドロシーはトトと一緒に黄色いレンガの道を歩きだしました。」	
								（魔女の足もドロシー退場と共に舞台から消える）
								（ドロシー下手にはけるトト少し遅れドロシーについていく）
								（ドロシー下手より再び登場 遅れてトトも下手より登場でドロシーにつづく）
								（ドロシーの下手登場キッカケで上手のプロセ横にカカシ登場）
					カカシ	3-1	「ああ頭が良くなりたいな〜。願いを叶えたいな〜。」	
					ドロ	3-1	「こんにちは。何かお願いしたいことがあるのですか?」	（ドロシー舞台中央で止まり カカシを見つける）
					カカシ	3-2	「僕の脳みそはわらばかり。考える力が欲しいのです。」	
					ドロ	3-2	「それでは私と一緒に願いを叶えてくれる「オズ」のところへ行きませんか。」	
					語り	3-2	「カカシは大喜びでドロシーと一緒に行くことにしました。」	
		3-1					**音楽3:**黄色いレンガの道 （歩くテーマ曲）	
								（トトはカカシを囃し立てるように追っかけてカカシと上手へはける）
								（ドロシーは舞台中央に、トトが上手に動くキッカケで下手にライオン登場）
							ワンワン（SE）犬の声	
								（下手からライオンがのっそのっそと下手プロセに登場）
					ライオン	3-1	「あぁ勇気が欲しい!勇敢なライオンになりたい。うぉう〜。」	
					ドロ	ドロ	「ライオンさん。その願いをオズに叶えてもらいましょうよ。」	（ドロシーは下手のライオンに気が付き少し近づき）
					語り	3-3	「ライオンも喜んでドロシーと一緒に行くことにしました。」	
		3-1						（ドロシー舞台中央より歩き出し上手にはける）
								（ライオンはドロシーの後をゆっくりのっそのっそと歩き上手にはける）
							音楽3:黄色いレンガの道 レベルダウン	
								（下手よりブリキマン登場 ブリキマンは今までの全てのなりゆきを見ていた）
					ブリキ	3-1	「私はブリキの体に人を思う気持ちが欲しいと思っていた。 よし!私も彼女たちと一緒にオズに会いに行こう！」	
							音楽3:黄色いレンガの道 レベルアップ	
								（ブリキマンはドロシーたちを追って上手に歩き上手にはける）
					語り	3-4	「ドロシーは、カカシ、ブリキマン、ライオンとエメラルドの都に。」	

音楽

舞台劇「ドロシーと愉快な仲間たち」の音楽をマリンバ、ピアノ、打楽器の合奏用に編曲した。動画につける音楽は、生演奏より楽器を増やし、しっかりとした合奏のサウンドに仕上げると良い。

永岡 都

音楽① オープニング「願いをかなえよう」

音楽③　黄色いレンガの道

9
き み の な か に あ る
(8va)
13

音楽⑥　主題歌「願いをかなえよう」

26
んのくつならしじしん ーという ー まほ ーうか け よう

18
ま ほう な んか なくたって すてきなきみなら
22
だいじょうぶ す てき なき みな らだいじょう ぶ さあ ー ゆこ う ぎ

舞台美術

マリオネットによる人形劇の装置

早川陽

3期目はマリオネットによる劇を撮影することになり、装置は、縦77㎝、横105㎝、奥行60㎝の舞台を作った。人形使いが上部から操作することで、正面をカメラフレームとして撮影できるものとした。舞台そのものも持ち運び可能な大きさである。土台と骨組みは段ボール箱で組み立て、ジェッソでランダムにマチエールを作り、アクリル絵具で粗目に黄身色の彩色を施した。背景は別に縦60㎝、横100㎝の画面を用意し、脚本に合わせて6場面をアクリル絵具で描き、シーンによって取り換えて撮影ができる。正面には左右開きの格子柄のカーテンをレールで取り付けた。

人形のサイズは舞台に合わせて指定し、高さはドロシー21㎝、トト24㎝、ライオン27㎝、ブリキマン34㎝、カカシ35㎝、魔女45㎝になった。全体のスケール感を調整しながら、人形が扱う小道具として、「ドロシーの家」「台風の渦巻」「魔女の足」「魔女の帽子」「水の入ったバケツ」「手紙」を用意した。照明は窓からの自然光を利用した。

マリオネットは、参加した世田谷学園の生徒が「ライオン」「カカシ」「ブリキマン」「トト」を、早川ゼミが「ドロシー」「魔女」「舞台装置」を制作した。どの人形もデザインがユニークで愛嬌がある。衣装などは布を縫って制作しており、表情の工夫や性格を伴った動きなど、マリオネットの特性がよく出ている作品になった。

人形劇の撮影は、昭和女子大学造形教室で実施したが、コロナ禍による活動制限があったため、マスクをつけて短時間で行うことにした。人形や小道具の「立ち位置図」に従って、操作を行う役を配置し、動かし方の練習を行った。声優のうち2名に台本を通しで読んでもらい、声のタイミングに合わせる形でマリオネットを動かし、シーンごとの撮影を行った。後から音楽や効果音、セリフの音声を編集で合わせている。カメラは一眼レフカメラの動画機能を使い、撮影自体は半日程度で完了することができた。

Matterportは3Dスキャンカメラ、360度カメラ、iPhoneなどを利用し、空間のデジタルデータをWEB上に再現するサービスである。創立者記念講堂をスキャン、動画や制作に関するコンテンツを、Matterport上にリンクとして配置し、昭和女子大学秋桜祭のホームページに公開した。

ドロシー

トト

魔女

ライオン

カカシ

ブリキマン

ドロシーの家

水の入ったバケツ

舞台装置

小道具

エンディングのシーン

撮影中の手紙のシーン

Matterportのトップページ

随想

ピンチをチャンスに
――「ドロシーと愉快な仲間たち」人形制作・マターポート

河内啓成

２０２０年度は、世界が新型コロナウィルス感染症拡大の最中にあって、様々なイベントが中止されていった。中学校、高等学校、大学の文化祭も当然中止が検討されたが、本研究においてはＷＥＢを活用した動画での発表を行うことがまず決定された。一方で、当時筆者が勤務していた高等学校では、生徒たちが「Matterport（マターポート）」というオンラインサービスについてプレゼンテーションする機会が設けられた。

Matterportとは３Ｄスキャンカメラや３６０度カメラ、iPhone、iPadなどを使い、広さ、規模、複雑さをもつ空間のデジタルデータをＷＥＢ上に再現するサービスである。屋内の精細な移動ポイントが作成できるGoogle Mapと想像すれば理解しやすい。Matterportの機能として、動画やリンク、ポスターやテキストの掲示などが可能であり、文化祭等のイベントと親和性の高いツールといえる。また、移動ポイントを細かく設定することで、実際に会場を訪れ移動している雰囲気が体感でき、ＶＲ（仮想現実）の様に扱うことができる。加えて、これまで対面での実施において実際の移動距離や体調等の問題から来場できない、全ての展示会場を訪れることが困難であるといった問題があったが、Matterportの展示を通して「いつでも、どこからでも、何度でも」見ることができるというオンラインの有効性が明らかになった。この高校生によるプレゼンからは、ホームページ閲覧という情報伝達ではなく、仮想空間に訪れるという擬似体験を重要視したことが読み取れる。つまりWEB上であっても実際に移動したように感じたり、コミュニケーションが取れたように感じられるといった身体活動を伴った体験に近いことが重要であるといえる。

本研究でもこれらのノウハウを活かし、昭和女子大学創立者記念講堂を空間として360度カメラ（RICOH THETA）で撮影することにし、撮影ポイントは客席から舞台正面に至る通路20カ所ほどに設定した。コンテンツとしては「制作した人形劇の動画」「劇中の曲」「ポスター」「活動に関するテキスト」「昭和女子大学初等教育学科へのリンク」「昭和女子大学現代教育研究所へのリンク」「世田谷学園の文化祭へのリンク」を設置し来場者が飽きない工夫と臨場感を感じてもらえる展示とした。また、昭和女子大学秋桜祭のホームページ上に公開することができた。

外出自粛や三密回避等によって、様々な学習の機会が失われる中にあっても、生徒の探究的態度によって新しい試みがなされた。ICTその他ツールの活用法やアイデア次第でこれまでにない体験や、学習を生み出すことができるということが明らかとなった。ただ、今回の仮想空間での体験は一方通行だったため、対話が可能な方法も併せて豊かな体験を模索していきたい。

上映ポスター

2020年度　人形劇『ドロシーと愉快な仲間たち』

第4章

オリジナリティーをめざして

人形劇 さくらの夢

人形劇 さくらの夢

The puppet drama “Sakura’s Dream”

登場人物

- さくら／ピエレット
- 星屑（虹の島の使者）
- ロック艦長（ワニの潜水艦の艦長）
- ワニの潜水艦
- 少年ルナ
- ナレーター

脚本・演出　久米ナナ子
初上映：2021年　上映時間：15分48秒

さくらの部屋の背景

さくら（グリーンバック）

スコットランドの劇作家、ジェームス・マシュー・バリーの『ピーター・パンとウェンディ』を参照し、4年間の活動の集大成という位置付けで、全体をオリジナルで創作した。主人公は13歳（前後）の少女「さくら」である。参加した学生との議論から「ワクワク感のある物語」を目指すことを考え、作品には「空を飛ぶ」夢を叶える要素と、「勇気を持って前へ」進んでいくというメッセージが込められている。前作と同様にマリオネットによる人形を4体制作、背景画は約30枚を描いた。動画の表現方法としては、人形の動きと別に撮影した背景をクロマキー合成し、星屑（虹の島の使者）の場面でアニメーションの効果を編集で加えている。コロナ禍が継続したことで、音響や音楽、セリフなども細かく調整を加え、編集作業の手間と作業を拡大した映像による人形劇の作品となった。（早川）

参考資料：ジェ-ムス・マシュー・バリー著／石井桃子訳（2003）『ピーター・パンとウェンディ』福音館書店
ジェ-ムス・マシュー・バリー著／南條竹則訳（2017）『ケンジントン公園のピーター・パン』光文社

場面0　タイトル＋風景

★音楽⓪⓿-❶　「オープニング」イン　→音楽1
■絵①⓿-❶　＋タイトル文字（さくらの夢）

場面1　さくらの部屋

■絵②　さくらの部屋の窓
（❶-❷さくら：窓辺で空を見ている）
★音楽⓪❶-❷　「オープニング」アウト

さくら❶-❶　今日も空がきれいね〜。→演出2
あ〜あ、自由に空を飛べたらいいのになぁ。
きっと楽しいだろうなぁ。

◆効果音❶-❶　風　イン（セリフがはじまるとフェイドアウト）→音楽2

さくら❶-❷　あれ？風が吹いてきた〜
なんだか少し眠くなってきちゃった（笑）…

■絵③❶-❷　さくらの部屋の窓辺　星屑が窓辺にあらわれる（星屑→キラキラ）

演出1：全ての場面でセリフ・音楽・効果音・絵（背景）には編集作業の為に通し番号が付けてある。

音楽1：ピアノや鉄琴で短いフレーズを作り、反復させるとよい。

クロマキー合成

演出2：さくらは冒険好きな空飛ぶことを夢みる大らかな13歳ぐらいの女の子である。

音楽2：初演ではレインスティックとウィンドチャイムを組み合わせて効果音を作った。

◆効果音❶❷　星　イン（セリフがはじまるとフェイドアウト）　→演出3　→音楽3

星屑❶❸　ピエレット様、ピエレット様。
「虹の島」が大変です。闇の心を持ったロック艦長が
私たちの愛する島を奪い取ろうとしています。

■絵④❶❸　さくらの部屋の窓辺＋星屑

（❶❷さくら：星屑に気がつく）

さくら　えっ？私はさくら。ピエレットって誰のこと？

◆効果音❶❸　星　イン（セリフがはじまるとフェイドアウト）

星屑❶❺　あなたですよ、ピエレット様。
「虹の島」に戻りましょう。
美しい笛の音で島を守ってください。
あなたの音楽の力が必要なのです。

さくら❶❻　虹の島？　音楽？　よくわからないなぁ？　→演出4

◆効果音❶❸ⓐ　星　イン（セリフがはじまるとフェイドアウト）

星屑❶❼　とにかく一緒に来てください。

さくら❶❽　ちょっ、ちょっと待って…

演出3：星屑は虹の島の使者である。一塊になったり広がったりしながら青空の中でもキラキラ輝くことができる。さくらと話すときには一つの星だけが輝いたりしても良い。

音楽3：初演ではウインドチャイムと高音のトーンチャイムを組み合わせて効果音を作った。

「虹の島」の背景画

演出4：さくらの体は既に少し浮き出している。それを感じさせるようにセリフを言う。

（さくら：体がフワッと宙に浮く）→立ち位置図1

★音楽①❷-❶「さくらの夢」イントロ　イン →音楽4

■絵⑤❶-❹大空

（星屑のみチラチラ見え隠れ）

（ナレーションセリフはイントロの中で）

ナレーション❶-❾　さくらがアッと思ったとたん、体が宙に浮き、そのまま空に舞いあがりました。大空の楽園「虹の島」へ向かって…

立ち位置図1

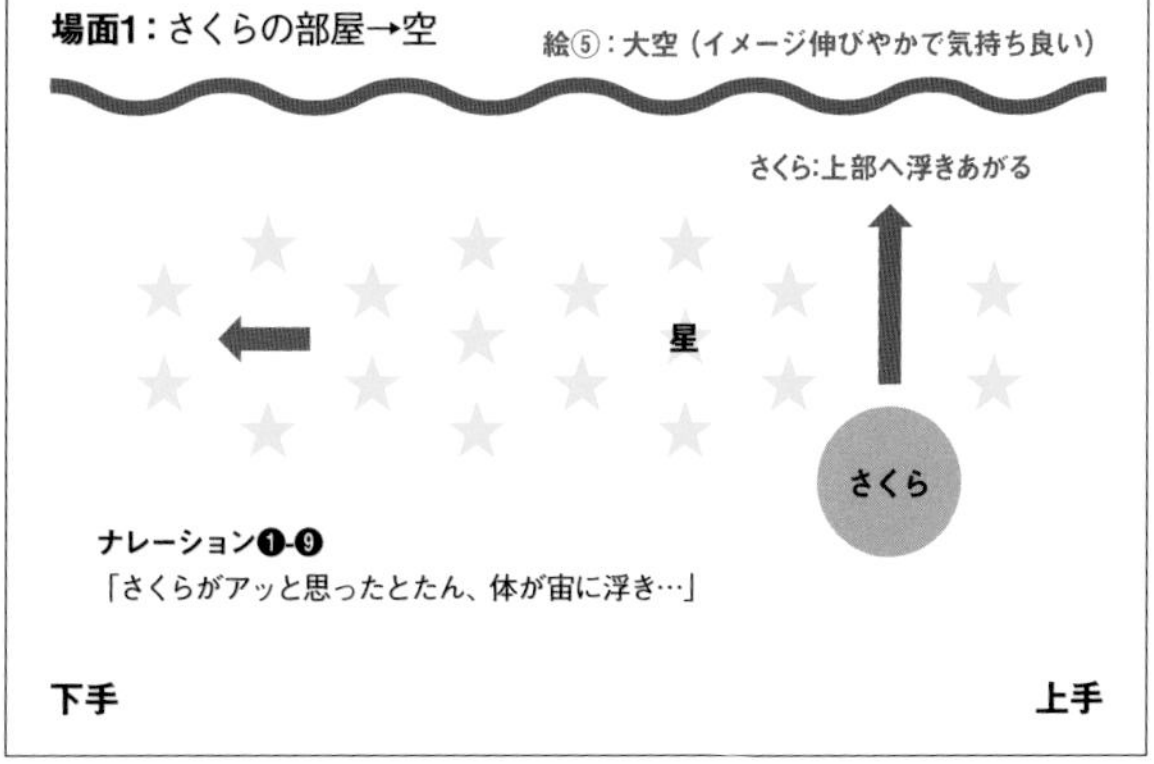

音楽４：前奏（イントロ）は４小節しかないので、前奏の後、一旦音楽を止めてナレーションを入れ、「場面２」への切り替えと同時に「歌」を始めると良い。

場面2　空

★歌がはじまる数秒前さくらの飛びになり歌部分がはじまる

（❷❶さくら：空を飛ぶ）

★音楽①❷❶「さくらの夢」歌部分　イン　→立ち位置図2

■絵⑥❷❶　青い大空　イメージ：さくらがゆったりと空を飛ぶ

歌　夢がいっぱい　キラキラと
　　描いてみよう　やりたいこと

■絵⑦❷❷　大空と星屑　イメージ：「風船」

＊星屑は途中「風船」や「白鳥」などに形を変えてさくらを支えながら空を飛んでいく

歌　歌ってみよう　知りたいこと
　　夢がいっぱい　大空に

■絵⑧❷❸　大空と星屑　イメージ：「白鳥」

（❷❸さくら：手を広げて空を飛ぶ　ニコニコしている）

歌　探してみよう　勇気を出して
　　考えてみよう　すてきな夢

さくら❷❶　わ〜、わたしいま空を飛んでいるのね。夢みたい。　→演出5

立ち位置図2

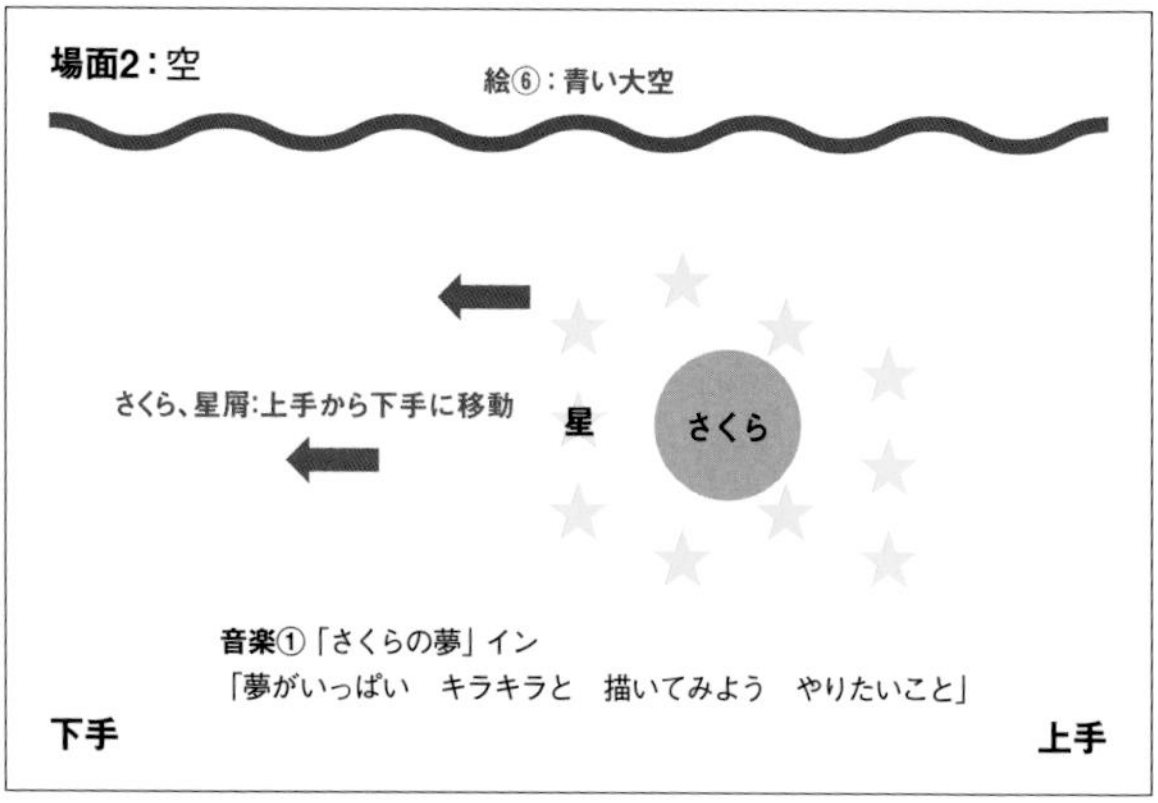

演出5：さくらは憧れの空を飛べて楽しくてしかたがない。彼女の声には嬉しさや満足感そして開放感も感じられる。

あ～やっぱり空は素敵～　↓立ち位置図3

■絵⑨❷❹　楽園「虹の島」遠くに見えてくる　星屑は益々キラキラ輝く

★音楽①❷❷「さくらの夢」アウト

立ち位置図3

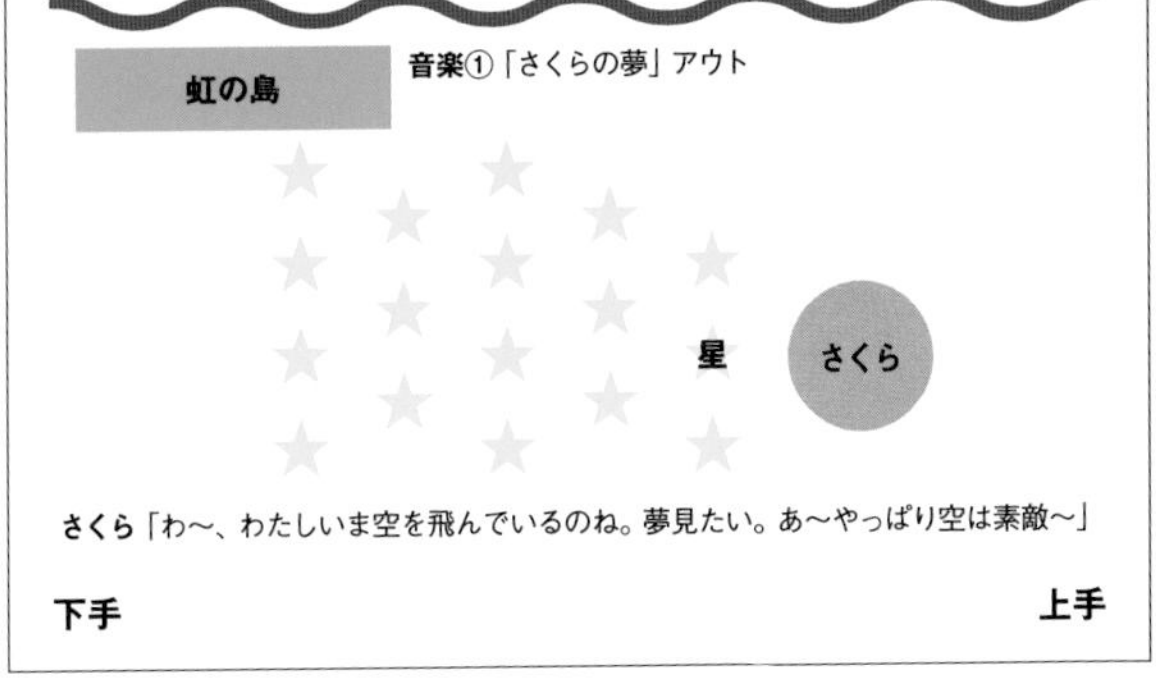
場面2：虹の島パターン1
絵⑨：空と楽園「虹の島」遠くに見えてくる
虹の島
音楽①「さくらの夢」アウト
星
さくら
さくら「わ～、わたしいま空を飛んでいるのね。夢見たい。あ～やっぱり空は素敵～」
下手
上手

場面3　海

＊いまはロック艦長に支配されている「虹の島」の荒れる海　→演出6

◆効果音❸-❶　荒れる波の音　イン

■絵⑩❸-❶　海①→荒れる海

（❸-❶ワニの潜水艦：海の上で動く）

■絵⑪❸-❷　海②→荒れる海　イメージ：ワニの尻尾の飛沫

◆効果音❸-❷　荒れる波の音

■絵⑫❸-❸　海③→荒れる海　イメージ：ロック艦長　→演出7

（❸-❷ロック艦長：イライラして動き回っている）　→立ち位置図4

（❸-❷ワニの潜水艦：バックグランドに見え隠れしている）

◆効果音❸-❸　荒れる波の音　フェイドアウト

★音楽②❸-❶「ロック艦長のテーマ」　イン　→音楽5

（❸-❹ロック艦長：歌う）

ロック艦長❸-❶　この俺様には怖いものなど何もない。
牙剥く巨人もひざまずく。
荒れ狂う海も子守唄さ、ハハハ〜
欲しいものは手に入れる。

演出6：ワニの潜水艦はロック艦長に従わないと餌を貰えないので獰猛になってしまったのである。本当は大人しく海で楽しく踊るのが大好きなのである。潜水艦の中にはしっかりした設備と装備が揃っている。

演出7：ロック艦長は頑固な性格で顔つきなどは恐ろしい。敵役の悪人だがどこか憎めない少し間抜けで親しみやすさも感じさせる。

立ち位置図4

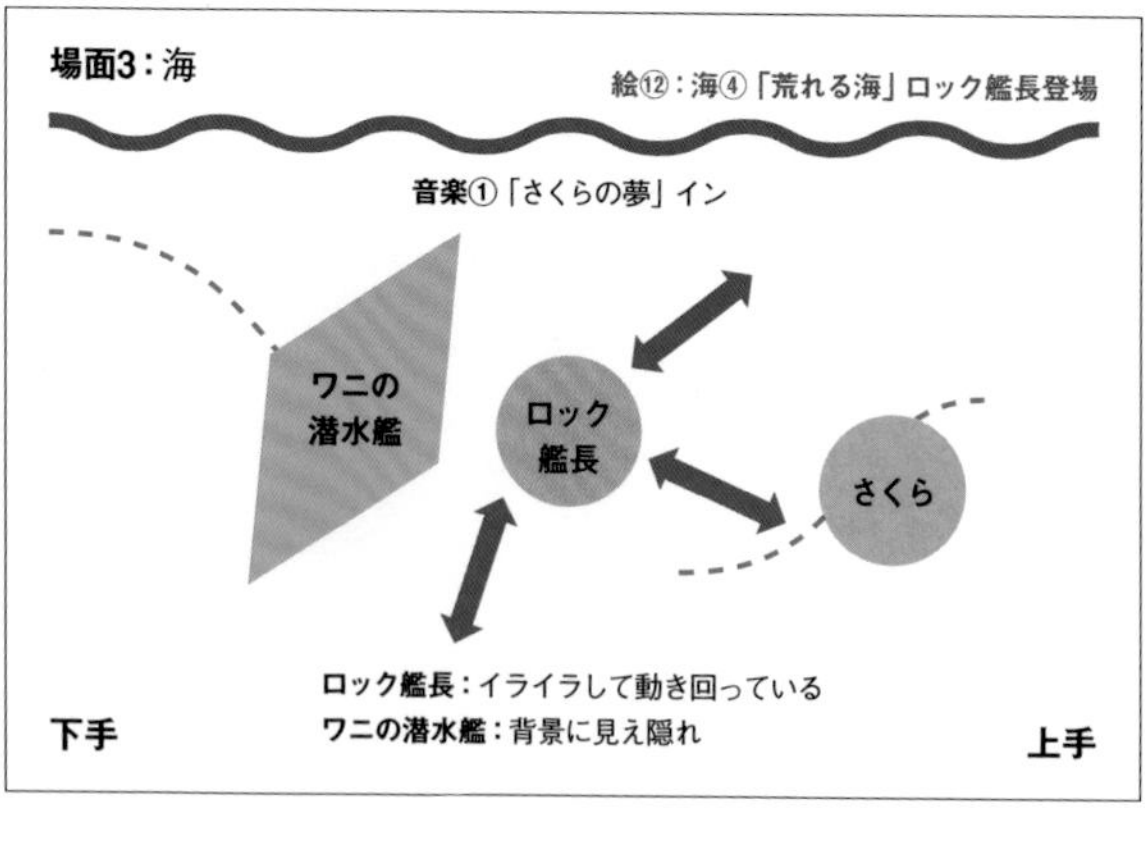

それがキャプテンロックの流儀だぜ！

★音楽②❸-❷　「ロック艦長のテーマ」　アウト
◆効果音❸-❹　荒れる波の音　イン
■絵⑬❸-❹　海④→荒れる海　イメージ：戦い1
（❸-❺ワニの潜水艦：海の上で動いている）
（❸-❻ロック艦長：戦いが待ちきれない　さくらを見つける）

ロック艦長❸-❷　来たな、ピエレット。待っていたぞ！

（突然さくら画面に登場　戦いの帽子をかぶり腰に剣を下げている）

さくら❸-❸　えっ？　わたしのこと？
そうか！　この島ではわたしはピエレットだった。↓演出8
わっ帽子と剣だ！（帽子と剣をみて）よ〜し戦いモードね！

◆効果音❸-❹　荒れる波の音　フェイドアウト

ロック艦長❸-❹　ごちゃ、ごちゃ、みんなうるさ〜い！↓演出9
今度こそおまえを海の底に沈めてやるぞ！

■絵⑭❸-❺　海⑤→荒れる海　イメージ：戦い2（戦い1より荒々しく）
（❸-❽ワニ潜水艦：しっぽが激しく動く）

音楽5：初演ではロック艦長のネーミングやキャラクターに合わせて、電子ドラムとシンセサイザーによるメタルロック調のインスト曲を作り、それをバックにセリフを朗読した。

「荒れる海」の背景画

演出8：さくらがピエレットとして登場。帽子と剣を身に付けていることで勇気が湧いて元気な声に変わっていく。

演出9：ロック艦長はさくらが独り言を話している様子に腹を立て早く掛かってこい！とばかりに彼女をせき立てる。

❸❾人形ロック艦長（剣を抜き戦う体勢）

ロック艦長❸❺　ピエレット！　覚悟しろ！

（❸❿さくら：腰から剣をぬく）

さくら❸❻　負けないわよ、ロック艦長！
どこからでもかかってきなさい！

（ロック艦長とさくら：見あって剣を合わせて戦う）→演出10

◆効果音❸❺　剣で戦う音（音楽・曲でも良い）イン　→音楽6

◆効果音❸❻　フェイドアウト

◆効果音❸❼　剣ではじかれた強い金属音

■絵⑮❸❻　空→ピエレット（さくら）が飛ばされるのを感じさせる空

（❸⓭さくら：ロック艦長の剣をはじこうとして空高く飛ばされる）

さくら❸❼　あ〜

■絵⑯❸❼　海⑥→ロック艦長とワニの潜水艦が喜んでいることを感じさせる海

（❸⓮ワニの潜水艦：尻尾を振って喜ぶ）

（❸⓯ロック艦長：勝ち誇った動き）

ロック艦長❸❽　あっはははっは〜　ピエレット、俺様の強さがわかったか〜。→演出11

「剣」の小道具

演出10：戦いの場面だが軽快で明るい雰囲気も感じられる。曲にする場合はスピード感があるものが望ましい。

音楽6：初演では「戦い」のアイコンあるいはパロディとしてハチャトゥリアンの「剣の舞」を編曲した。

演出11：ロック艦長はさくらに勝って誇らしく弾んだ声になる。

■絵⑰❸-❽　ピエレット（さくら）の姿が空のかなたに消えていく
◆効果音❸-❽　さくら空に彼方に消えていく音（姿が見えなくなるところでフェイドアウト）
さくら❸-❾　わ〜

場面４　丘

＊「虹の島」の別の場所。さくらが海から飛ばされてきて茂みの中に落ちる
■絵⑱❹-❶　丘①→緑豊かな島の丘　茂み
◆効果音❹-❶　さくらが茂みに落ちる音（ドスン！）
（❹-❶さくらが茂みのなかに座っている）
さくら❹-❶　痛〜い。ここはどこ？
（❹-❷少年ルナ：さくらを見下ろす）
少年ルナ❹-❷　大丈夫、ピエレット。→演出12
■絵⑲❹-❷　丘②イメージ：青緑と優しい風1
（❹-❶さくら：ルナ少年を見上げて）
さくら❹-❸　あなたは誰？　→演出13
（ルナ❹-❸：さくらに近づき葉っぱの笛を見せる）
少年ルナ❹-❹　羊飼いの「ルナ」だよ。ヤダな〜忘れたの？　→演出14

演出12：少年ルナは気持ちの優しい羊飼いの少年である。さくらと同年代「虹の島」のことをよく知り不思議な力の持ち主である。さくらの心の友になっていく。

演出13：さくらはルナの出現を不思議には思うが、会ったことがあるかのように安心して声をかける。

演出14：ルナはさくらを優しく励ます。大空から夢みるさくらをいつも応援していたと感じさせる言葉である。

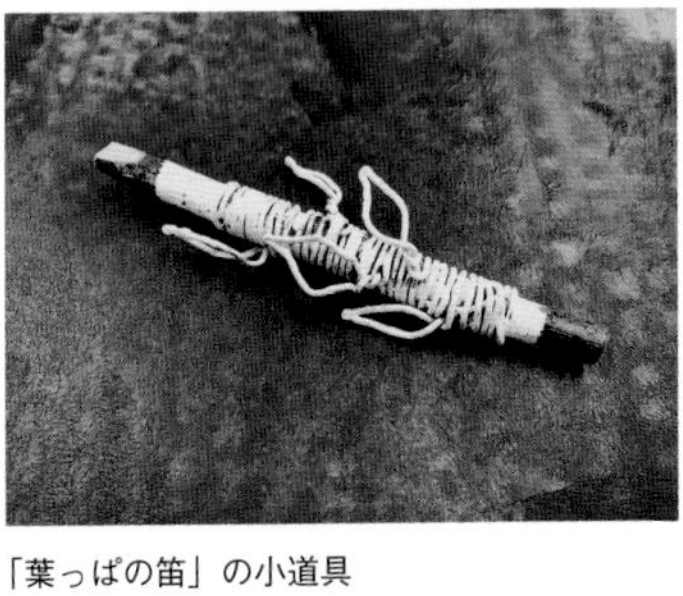
「葉っぱの笛」の小道具

★音楽③「さくらの笛」メインテーマ　イン　↓音楽7

ほらっ、葉っぱの笛。
ロック艦長を倒すにはこれを使わなくちゃ。

■絵⑳❹❸　葉っぱの笛の（アップ）とバックグランドに丘の情景

■絵㉑❹❹　丘③イメージ：青緑と優しい風2

（❹❸ルナ：さくらと会話する）

（さくら：立ち上がりルナと会話する）

少年ルナ❹❺　戦いより音楽だよ、ピエレット！　↓立ち位置図5

さくら❹❻　そうよね！　↓演出15
わかったわ、海に陽気な波をおこせば
ワニの潜水艦は楽しく踊り出し、
ロック艦長を海に放り出してしまうわね！
ありがとうルナ。
さぁ～一緒に行きましょう。

立ち位置図5

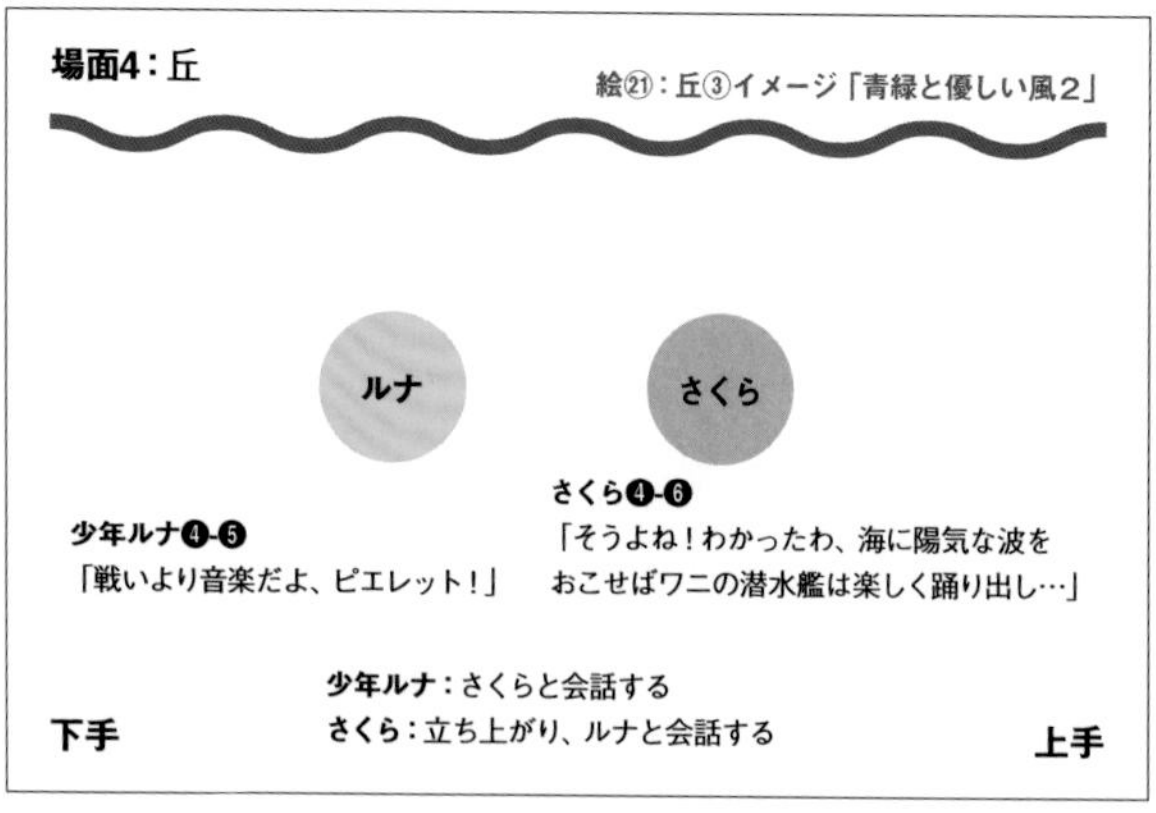
場面4：丘
絵㉑：丘③イメージ「青緑と優しい風2」
ルナ
さくら
少年ルナ❹-❺
「戦いより音楽だよ、ピエレット！」
さくら❹-❻
「そうよね！わかったわ、海に陽気な波を
おこせばワニの潜水艦は楽しく踊り出し…」
少年ルナ：さくらと会話する
さくら：立ち上がり、ルナと会話する
下手
上手

音楽7：「さくらの笛」のメインテーマの一部（第3～6小節のフレーズ）をリコーダーなどの笛の独奏で演奏する。初演では電子楽器エアロフォンを使用してオカリナのような素朴な音色を選んだ。

演出15：さくらはルナに励まされて、彼と一緒なら音楽で「虹の島」を救えると確信し声を弾ませ誓う。

場面5　海

＊同じ海。波は穏やかである

◆効果音❺-❶　穏やかな海→波の音　イン

■絵㉒❺-❶　穏やかな海の情景①

❺-❶人形ワニの潜水艦（イメージ：寝ている）

❺-❶人形ロック艦長（イメージ：潜水艦の上で寝ている）

■絵㉓❺-❷　空にあけた窓

（❺-❸ルナ：空の窓から顔を出す）

（❺-❹さくら：空の窓から顔を出す）

＊さくらと少年ルナが海を見下ろし葉っぱでつくった笛を窓から吹く

★音楽③❺-❶『さくらの笛』イン（静かに笛の音がはじまる）

ナレーション❺-❶　少年が空にあけた窓からさくらは静かに笛を吹き出しました。→演出16

◆効果音❺-❷　穏やかな海→波の音　フェイドアウト

★音楽③❺-❷『さくらの笛』＋**★音楽④❺-❸**【ワニの潜水艦の踊り】イン　→音楽8

■絵㉔❺-❸　海の情景②→＊イメージ：波が静かに踊りだす

（❺-❺ワニの潜水艦：楽しそうに踊りだす）

ナレーション❺-❷　なんということでしょう。

演出16：ナレーションは焦らずゆったりと情景を伝えていく。

音楽8：この場面は「静かな笛の独奏」から次第に楽器を増やして「賑やかなダンス＝ワニの潜水艦の踊り」へと音楽を展開していく。まず「さくらの笛」のメインテーマをひと通り笛の独奏で演奏する（1回目）。吹き終わったら少し間をおいて、（遠くから聞こえるような感じで）そっとマリンバのパートから演奏を開始し、笛とマリンバで演奏する（2回目）。さらに打楽器パートを加えて、民俗舞曲風のリズムを強調する（3回目）。

今までどう猛だったワニの潜水艦が
楽しそうに踊りだしたのです。 ↓演出17

■絵㉕❺-❹ 海の情景③↓波が踊る動きが大きくなる

（❺-❻ロック艦長：ワニの潜水艦の踊りと波に反応する） ↓立ち位置図6

ロック艦長❺-❸
うん？ おい！ なんだ？ 潜水艦が踊り出したぞ？
やめろ。やめろ。楽しいことはやめてくれ〜。 ↓演出18

（❺-❼ワニの潜水艦：尻尾でロック艦長を海に放り出す）
（❺-❽ロック艦長：ワニの潜水艦から大きく飛ばされて海に落ちる）

ロック艦長❺-❹
ピエレットにまたやられた〜。わ〜助けてくれ〜。 ↓演出19

■絵㉖❺-❺海の情景④↓軽やかな波の動き（波がロック艦長をのみ込む）

少年ルナ❺-❺
見てピエレット、ロック艦長が海に沈んで行くよ。 ↓演出20

★音楽④❺-❹『ワニの潜水艦の踊り』フェイドアウト ↓音楽9

■絵㉗❺-❻海の情景⑤↓ロック艦長が消えて穏やかさが戻る

（❺-❾ワニの潜水艦：楽しそうに海の底に戻っていく）

■絵㉘❺-❼海の情景⑥↓夕暮れに近くなった静かな海

■絵㉙❺-❽空↓星は空でキラキラ嬉しそう（美しい空の情景）

★音楽③❺-❺『さくらの笛』フェイドアウト ↓演出21

演出17：ナレーションも海の情景とワニの踊りを楽しむかのように語る。

演出18：海の上を踊るワニの潜水艦に必死にしがみ付いている雰囲気がロック艦長の声にほしい。

立ち位置図6

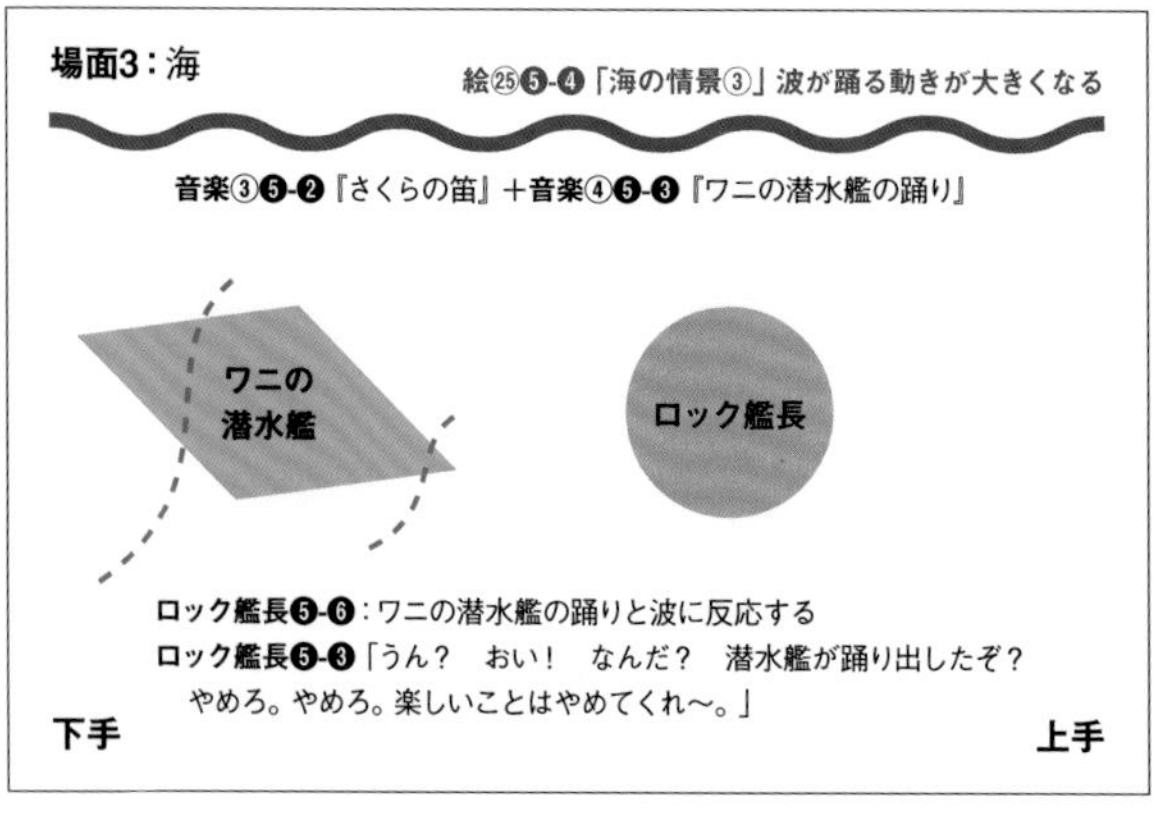
場面3：海
絵㉕❺-❹「海の情景③」波が踊る動きが大きくなる
音楽③❺-❷『さくらの笛』＋音楽④❺-❸『ワニの潜水艦の踊り』
ワニの潜水艦
ロック艦長
ロック艦長❺-❻：ワニの潜水艦の踊りと波に反応する
ロック艦長❺-❸「うん？ おい！ なんだ？ 潜水艦が踊り出したぞ？
やめろ。やめろ。楽しいことはやめてくれ〜。」
下手
上手

演出19：ロック艦長は本当に情けない声になる。

（ルナ：ニコニコしながらさくらを見ている）

（❺❿さくら：ルナの隣で安心し、さくらも彼を見る）

さくら❺❻　音楽の素晴らしさが戦いに勝ったのね。

場面6　さくらの部屋

■絵㉚❻❶さくらの部屋（場面1と同じでも良い）　カットイン

（❻❶さくら：窓辺に顔を伏せている。伏せながらセリフ）

さくら❻❶　ありがとうルナ、よかった虹の島は無事ね…　→演出22

（❻❷さくら：顔を上げ目を覚ましセリフを言う）　→立ち位置図7

さくら❻❷　えっルナ…どこ？　ゆ・め、夢かぁ…　→演出23

（❻❸さくら：ゆっくり空を見上げて）

さくら❻❸　空を飛んだのも夢なのかぁ…

演出20：ルナはさくらの勇気を讃えるようにロック艦長が沈んでいくことを伝える。

音楽9：打楽器、そしてマリンバの順に、音量を落としながらパートを抜けていき、笛の独奏のみ残って「さくらの笛」のメインテーマを静かに演奏する。

演出21：さくらはとても心穏やかな気持ちになっている。

演出22：場面はさくらの部屋に戻る。夢のなかで戦いに勝ったお礼をさくらがルナに伝えている。

演出23：気が付いたさくらはルナを探す。ここはじっくり時間をかけて夢であったかと言葉にしながら彼を想う気持ちと心残りを表現する。

演出24：さくらが目の前に笛を見つける。「虹の島」の出来事は夢ではなかったと観客に感じさせるものである。

（❻-❹さくら：突然窓辺にある葉っぱの笛にハッと気がつく）

さくら❻-❹　葉っぱの笛だ！　↓演出24

（❻-❺さくら：笛を手に取り天にかざし懐かしい気持ちになる）

◆効果音❻-❷星　イン

■絵㉛❻-❷星屑の輪がラキラと再び画面で回り出す↓さくらには見えない

＊キラキラ↓イメージ：さくらの前で輝く感じ

■絵㉜❻-❸さくらは笛を見ているフェイドアウト

つづけてキラキラがフェイドアウト

◆効果音❻-❸星　アウト

★音楽①❻-❶「さくらの夢」（場面❷-❶と同じ）イン

■絵㉝❻-❹　青い空　（場面2と同じでも良い）

フィナーレ（人形登場）

歌

夢がいっぱい　キラキラと
描いてみよう　やりたいこと
歌ってみよう　知りたいこと
夢がいっぱい　大空に
探してみよう　勇気を出して
考えてみよう　すてきな夢

★音楽①❻-❷「さくらの夢」アウト

立ち位置図7

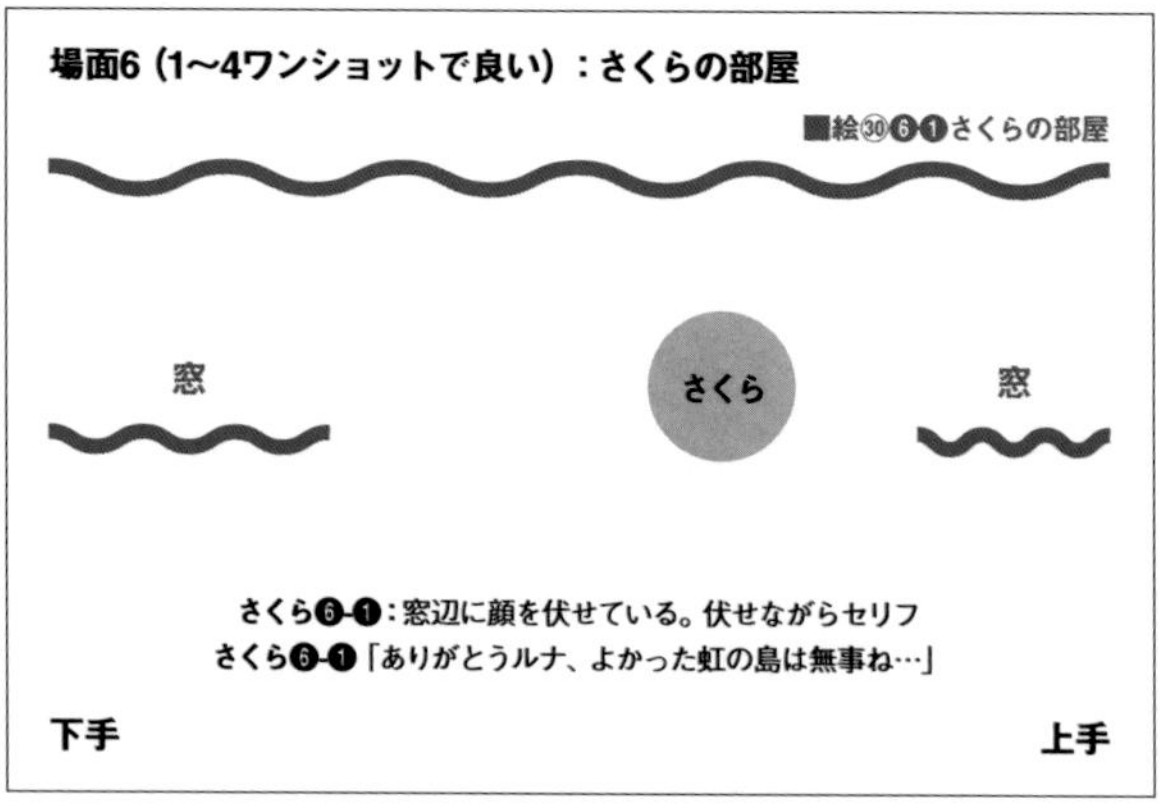
場面6（1〜4ワンショットで良い）：さくらの部屋
■絵㉚❻-❶さくらの部屋
窓
さくら
窓
さくら❻-❶：窓辺に顔を伏せている。伏せながらセリフ
さくら❻-❶「ありがとうルナ、よかった虹の島は無事ね…」
下手
上手

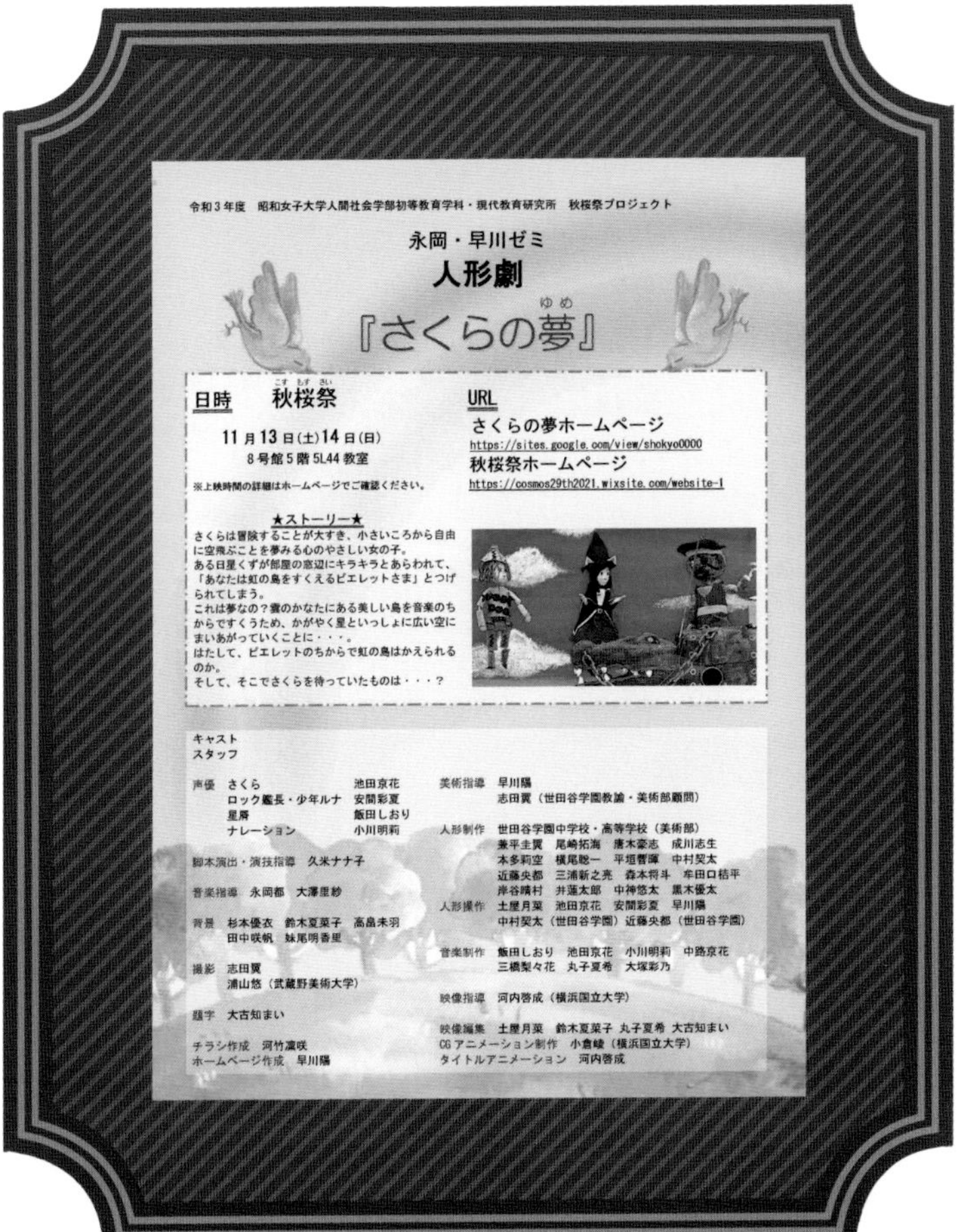

上映ポスター
2021年度　人形劇『さくらの夢

				ロック艦長	セリフ5-3	「うん？　おい！　なんだ？ 潜水艦が踊り出したぞ？　やめろ。やめろ。 楽しいことはやめてくれ～」
				5-7人形 ワニの潜水艦		●ワニの潜水艦:ワニの尻尾でロック艦長を海に放り出す
				5-8人形 ロック艦長		●ロック艦長:ワニの潜水艦から大きく飛ばされて海に落ちる
				ロック艦長	セリフ5-4	「ピエレットにまたやられた～。わ～助けてくれ～」
			絵26 ※5-5	5-9人形 ワニの潜水艦		●絵26※5-5　海の情景④→軽やかな波の動き(波がロック艦長のみ込む)
			絵27 ※5-6 海	5-9人形 ワニの潜水艦		●絵27※5-6 海の情景⑤→ロック艦長が消えて穏やかさが戻る
				5-9人形 ワニの潜水艦		●ワニの潜水艦:楽しそうに海の底に戻っていく
	フェイドアウト					●音楽4(5-4)【ワニの潜水艦の踊り】 フェイドアウト
		【さくらの笛】	絵28 ※5-7			●絵28※5-7　海の情景⑥→夕暮れに近くなった静かな海
			絵29 ※5-8 空			●星は空でキラキラ嬉しそう(美しい空の情景)
	★音楽3(5-5) フェイドアウト	【さくらの笛】				
				5 -11人形 少年ルナ		●少年ルナ: ルナはニコニコしながらさくらを見ている ●さくら: ルナの隣で安心しさくらも彼を見る
				少年ルナ	セリフ5-5	「見てピエレット、ロック艦長が海に沈んで行くよ。ワニの潜水艦は嬉しそうに海の底に帰っていくね。」
				5-10人形 さくら	セリフ5-6	「音楽の素晴らしさが戦いに勝ったのね。」

進行表

進行表／場面5「海」(詳細は脚本・人形劇『さくらの夢』はPP.95-97、進行表の説明はP.70を参照)

編集	音楽	SE	絵	人形	セリフ	備考
画像348		★音効果 5-1	絵22 ※5-1			●穏やかな海の情景① ●穏やかな海　波の音　イン
画像348						
画像348				5-1人形 ワニの潜水艦		●ワニの潜水艦:寝ている
画像348				5-2人形 ロック艦長		●ロック艦長:潜水艦の上で寝ている
			絵23 ※5-2			●絵23※ 5-2:空にあけた窓
画像350	★音楽3 (5-1) 【さくらの笛】			5-3人形 少年ルナ		●少年ルナ:空の窓から顔を出す ●さくらと少年ルナ:海を見下ろし葉っぱでつくった笛を窓から吹く
画像350				5-4人形 さくら		●さくら:空の窓から顔を出す ●さくらと少年ルナ:海を見下ろし葉っぱでつくった笛を窓から吹く
画像350					セリフ5-1 ナレーション	「少年が空にあけた窓からさくらは静かに笛を吹き出しました。」
		★音効果 5-2				●音効果5-2:穏やかな海 波の音 フェイドアウト
	★音楽4 (5-2,5-3) 【ワニの潜水艦の踊り】イン					●音楽3(5-2) 【さくらの笛】＋ ●音楽4(5-3)【ワニの潜水艦の踊り】イン
			絵24 ※5-3 海の情景			●絵24 ※5-3 海の情景②→ *イメージ:波が静かに踊りだす
				5-5人形 ワニの潜水艦		●ワニの潜水艦:楽しそうに踊りだす
				ワニの潜水艦	セリフ5-2 ナレーション	「なんということでしょう。 今までどう猛だったワニの潜水艦が 楽しそうに踊りだしたのです。」
			絵25 ※5-4			●絵25※5-4 海の情景③→波が踊る動きが大きくなる
				5-6人形 ロック艦長		●ロック艦長: ワニの潜水艦の踊りと波に反応する

音楽

主人公のさくらが、音楽の力でワニの潜水艦を味方につけ、粗暴なロック艦長に打ち勝つシーンがクライマックスである。

永岡 都

おおぞらにーー
さがしてみよう
ゆうきをだして
かんがえてみよ
すてきなゆめ

空を飛ぶさくら、荒れた海の波音、粗暴なロック艦長、陽気に踊り出すワニの潜水艦。この脚本では、音楽を通して登場人物の感情や状況の変化を描く場面が多い。場面の意味付けと持続時間を決める比重が大きいので、音楽表現の難易度は高かったが、歌詞の内容やイントネーションから旋律の輪郭を引き出したり、既存の音楽からヒントを得てリズムパターンやフレーズを考え出すなど、発想を形にする方法を具体的に教員から学生たちに示しながら、協働してオリジナルの楽曲を創作することができた。

音楽① さくらの夢

劇中で主人公のさくらが空を飛ぶシーン、そして劇の最後に「主題歌」として歌われる曲である。前奏のピアノはきらめくようなタッチで演奏すること。 また、ヴォーカルの伴奏部分は、ペダル を使ってアルペジオを美しく響かせるように。

「さくらの笛」は、一つの楽曲で音楽③と音楽④を兼ねている。すなわち「メインテーマを笛の独奏で静かに吹く」場合は音楽③「さくらの笛」、打楽器パートが加わって「合奏で演奏される賑やかなダンス曲」は音楽④「ワニの潜水艦の踊り」、と表記している。

音楽③さくらの笛／④ワニの潜水艦の踊り

陽気な音楽に誘われて獰猛なワニの潜水艦が踊り出すシーンの音楽。「戦いより音楽だよ」のメッセ ージを伝える物語の核となる音楽である。 アイルランド民謡をイメージして書かれたダンス曲。 上声2パートはリコーダー2本で演奏するのが良いが、 フルートやオーボエ、クラリネットなどを 使用しても良い。また打楽器パートは、ウッドブロック、マラカスなどを適宜加えてよい。 劇の 進行に合わせて、メロディー部分を繰り返したり、前奏や後奏を適宜繰り返すなど、音楽の長さを 調整すること。

舞台美術

アニメーションによる人形と美術制作

早川陽

美術制作チームのうち、昭和女子大学の早川ゼミは、背景画の制作・人形の撮影に分かれ、劇中に登場する人形と小道具の制作を世田谷学園美術部、さらにアニメーションの編集は横浜国立大学教育学部の学生有志と早川ゼミ学生の協働により行うことになった。

8月に脚本が仕上がり、9月に各場面に応じた背景画制作を5名の学生が分担した。約30場面の背景が必要で、各自6枚をアクリル絵具で描いた。サイズはA4、又はカメラをスクロールさせる場面ではA3、台紙は黒の厚紙を使用して明るい色を加える方法をとった。昨年の劇では舞台装置と人形のスケールを事前に合わせたが、今回は別々に撮影し、クロマキー合成（グリーンバックで撮影し、編集で合成）としたので、描きやすいサイズを選択することができた。全ての背景画をスキャニングしてデータ化、人形の撮影データもGoogle Classroomを経由して編集チームへ引き渡した。

撮影は造形教室の一部に簡易舞台を設置し、デジタル一眼レフカメラを使用して、朝から夜までの1日で行われた。グリーンバックを垂らし、その前でマリオネットを操作した。当日は脚本の構成に合わせて、各場面ごとに1〜6テイクを記録した。久米の作成した「進行表」「立ち位置図」を読み取り、物語のイメージを確認しながらの作業になった。

今回アテレコは後で付けることになったので、脚本に合わせて、おおよその時間と動作を確認しながらの撮影となった。操作は途中マリオネットの操り糸が交差したり、部品が外れたり、また人形の重量が重く、ダイナミックな動きが求められる場面で、動きが難しい場面もあった。再撮影が出来ないことから、多めのテイク数となり、動画編集チームは場面の選択や編集で苦労があった。

完成した映像『さくらの夢』は予告編1分50秒、本編15分48秒、音楽「さくらの夢（歌）」1分31秒、「さくらの夢（ピアノヴァージョン）」1分32秒である。各動画データをYouTubeの限定公開でアップロードし、公開用ホームページを大学祭のホームページにリンクした。大学祭当日の上映については、11月13日・14日に各12回、合計24回を実施した。公開用ホームページでは、昨年度の動画もアーカイヴとして配置し、同日公開している。

さくら

制作コメント

制作当初は全体的に紺色で魔法使いのようなイメージでしたが、スカートを予定の黒色のミニスカートから赤色のロングスカートに変えたら童話っぽさがより出て魔法使い感が消え、全体的に丸くなってくれて良かったです。紺色のローブに黄色の細いフェルトを付けると締まりが出て、お気に入りポイントになりました。ヒトの人形を作るのは初めてで苦戦しましたが、試行錯誤を繰り返して撮影当日の朝までこだわり抜き完成させたので大きな達成感が得られました。

少年ルナ

制作コメント

（制作コメントは世田谷学園美術部）羊飼いということだったので、素朴な感じを演出しました。 主役を引き立てる脇役という立ち位置になれていたら嬉しいです。 見所は、服が継ぎ接ぎになっているところです。模様にもこだわっていて、かわいらしい印象になるように工夫しました。大変な部分もありましたが、人形を作る過程や人形がどんどんできていくのが楽しく感じました。参加できて良かったです。

ワニの潜水艦

制作コメント

ワニの頭部を紙粘土で作ることが難しかったです。特に歯は、折れたり外れたりが多く、何度も作り直したため、たくさんの時間がかかりました。大きくて重たい人形だったので、壊れないように丈夫にする工夫を繰り返しました。そして、ただのワニではなく潜水艦らしくなるように、チェーンや窓のような飾りをつけて雰囲気を出しました。古びた感じが出るように、錆を描いたり、タオルを使って複雑に塗ったりして、こだわった着色になっています。仲間と協力して作品を作るのも楽しい経験でした。

ロック艦長

制作コメント

卒業した先輩たちや、先生に手伝ってもらいながら完成までこぎつけました。ロック艦長の荒々しくも憎めないようなキャラクターを表現したくて、着色や表情にこだわっています。木粉粘土や木材から体のパーツを作りました。フック船長のようなイメージがあったので、片手を金属フックにしています。カラカラふらふらと動く様子は、愛嬌のある雰囲気につながったと思います。

グリーンバックでの撮影

空を飛ぶシーン

背景画

合成した画面

はじめのシーン

随想

部活動が育む非認知的能力

志田 翼

世田谷学園に勤務することとなった初年度、美術部の顧問となった。感染症対策の影響で活動が自粛および縮小された状況からのスタートで、生徒らとの交流機会が乏しい状況であった。そのような状況下で本企画への参加となり、不安もあったが活動の方向が示されたようで嬉しく思った。結論から言えば、この企画への参加は美術部の活動において大変有意義なものとなった。昨今の教育現場における様々な問題に対して、問題解決につながるアプローチが随所にあったように思う。

中高における部活動は、昨今では「ブラック部活」などの言葉に象徴されるように、必ずしも生徒の主体的な活動となっていないことや、教職員の労働問題などもあり、一部で敬遠される風潮がある。このことは、部活動というシステムが形骸化し、部活動が持つ本来の教育的効果が薄れていることも要因の一つと思われる。各省庁から活動の指針が示されるなど、そのあり方については現在も活発に議論されている。

学校教育下での部活動は本来、生徒にとっては自主的・自発的な取り組みを可能にする場であることが望ましく、実現には生徒の中に目的や目標、動機が必要である。本校の美術部において、そのことは概ね満たされているが、個人の作品完成や技術習得、展示発表などといった個の活動が中心のため、集団としての学びは少ない。今回は、作品上映という他校と共有された目標があり、生徒は大変意欲的に取り組んでくれた。全員参加の義務課題ではなく、有志による自由参加にできた点も良かった。生徒らは自ら制作計画をたて、技術上の問題を共有し、協働しながらの制作を実践していた。互いの作業を鑑賞し、批評しながら作業することで技術的な面を補い合うなど、集団としての成長が見て取れた。コロナ禍での活動遅延などの諸問題もあったが、ＳＮＳの活用や卒業生との協力など、新たな人間関係や広がりが形成された点も興味深かった。作品上映時の楽しげに感想を述べ合う姿は、この企画の成果を物語っていた。

否認知能力育成の観点から見ると、意欲を刺激する協調性が必要な課題であり、他校との関係からやり抜くことが求められ、自校だけでは成し得ない完成度の高い作品によって得られる達成感・自己肯定感と、まさに部活動で育まれるべき資質が盛り込まれていた。本件をアクティブラーニングの好例として受け止め、今後もより主体的な活動となるよう、部活動を盛り上げていきたいと感じている。

秋桜祭で完成品を鑑賞。笑顔で語り合った。

随想

音を探して、音をつくる

大澤里紗

作品に「どのような音楽をつけるべきなのか」ということは制作者の頭を悩ます大きな問題である。4年間のプロジェクトでは、ライブパフォーマンスによる舞台作品と人形劇による映像作品が制作されたが、いずれも学生が中心となって音楽制作が進められた。筆者が参加した『さくらの夢』では、音楽チームが先に制作し、その後、作成された音源に合わせて人形劇チームが撮影を行なった。それぞれのチームが同時進行で作業を行っていたため、音楽チームは人形や映像の完成イメージがない手探りの状態で音楽を完成させていったのである。本来、映像作品は完成された映像に音楽を後付けしていくため、映像が先行して制作されるのが定石通りのメソッドだろう。「映像」と「音楽」のどちらに比重を置くかによって、制作手順も「映像先行」もしくは「音楽先行」の違いが出てくる。しかし、今回のプロジェクトのように同時進行で制作することも可能であるし、結果的にはお互いのチームが良い方向に感化しあいながら作業が進行した。

『さくらの夢』では作品のメインとなるテーマとキャラクターやシーンを象徴するテーマを制作することで、作品全体の音楽の構成が固まっていった。劇中では《オープニング》、《さくらの夢》、《ロック艦長のテーマ》、《さくらの笛》の4曲をオリジナル楽曲として制作し、戦いのシーンではハチャトリアンの《剣の舞》を編曲・録音した。場面転換を演出したり、シーンを効果的に演出するための効果音は、楽器の選別から始まり、音の高さや組み合わせ方を考えていく。全て一から制作するのは骨の折れる作業ではあるが、著作権フリー音源などを使用すれば、簡単に様々な音楽や音素材の入手ができるため、それらを活用しながら制作していくのも可能である。フリー素材をそのまま使うのではなく、実際に楽器を弾いて音を重ねて録音すると、音に奥行きや立体感が増し、作品にオリジナリティを出すこともできる。

音楽は作品を彩るために欠かせない要素である。既存に頼らずに自分たちの手で一つ一つ丁寧に制作したことは、学生たちの創造力や表現力を高めたに違いない。星がキラキラと煌めく様子を表現するにしても、音の組み合わせ方によってどのようにも表現できる。作品にふさわしい音を探して、音をつくるというプロセスの中で、無限に広がる表現の可能性を体感できるということが、音楽制作の醍醐味である。

随想

点が線に、そして表現に

——「さくらの夢」映像製作

河内啓成

本格的な映像編集作業を行うこととなった2021年度は、昭和女子大学と横浜国立大学の共同編集チームとなった。データの管理はGoogle Driveを活用し遠隔での協働作業性を高めた。また映像素材は場面や背景、扱う人形やカメラの画角などの、プロットごとに分けられた素材を個別に制作する必要もある。そうやって作られた個別の映像を最終的に組み上げるのが編集チームの作業である。映像編集作業とは様々な食材を使って、美味しい食事がテーブルに届くように順序立てて調理していくレストランの料理長のような仕事であるといえる。

メンバーは映像編集経験が皆無であったが、それぞれの興味関心は高く少しの講習を実施するだけで、ある程度主体的に学習し活動できた。編集作業のためにMacBook Pro 2台、MacBook Air、iPadを使用し、アプリケーションはApple iMovie、Final Cut Pro、Adobe After Effectを使用することとした。それぞれiMovieではクリップの連結、音源の挿入、字幕の挿入を昭和女子大学が、その映像にFinal Cut Proを用いてエフェクト効果を横浜国立大学が担当することとなった。筆者は、タイトルアニメーションをAfter Effectを用いて作成した。昭和女子大学の編集チームは何度も動画データを確認し、ギリギリまで課題解決に向けて協働していた。さくらが飛ぶシーンなどは、クロマキー合成を用いて背景と重ね、浮遊感の演出を行うことができた。

この3年動画編集や撮影などに加わってきたが、学生のICTへの順応は年々進んでいると感じる。また、今回のように限定的な機能での編集でも、アイディアと工夫次第で効果的な映像作品が仕上がったことは新たな気づきであった。そして、編集作業も後半に差し掛かるころには、演出や、編集についてコメントも明確になり、視点や、気づきは表現者としての高い意識を持っており自ら改善点を見つけられるまでに至ったことは興味深い。主体的で協働的な表現活動のなかで活発な議論が展開され制作、確認、修正、振り返りが効果的に循環し、学びが深まっていたということが要因と推察される。協働による動画制作を通したPBL（課題解決型学習）は、今後小中学校におけるICT活用の教材としての応用にも期待できる。

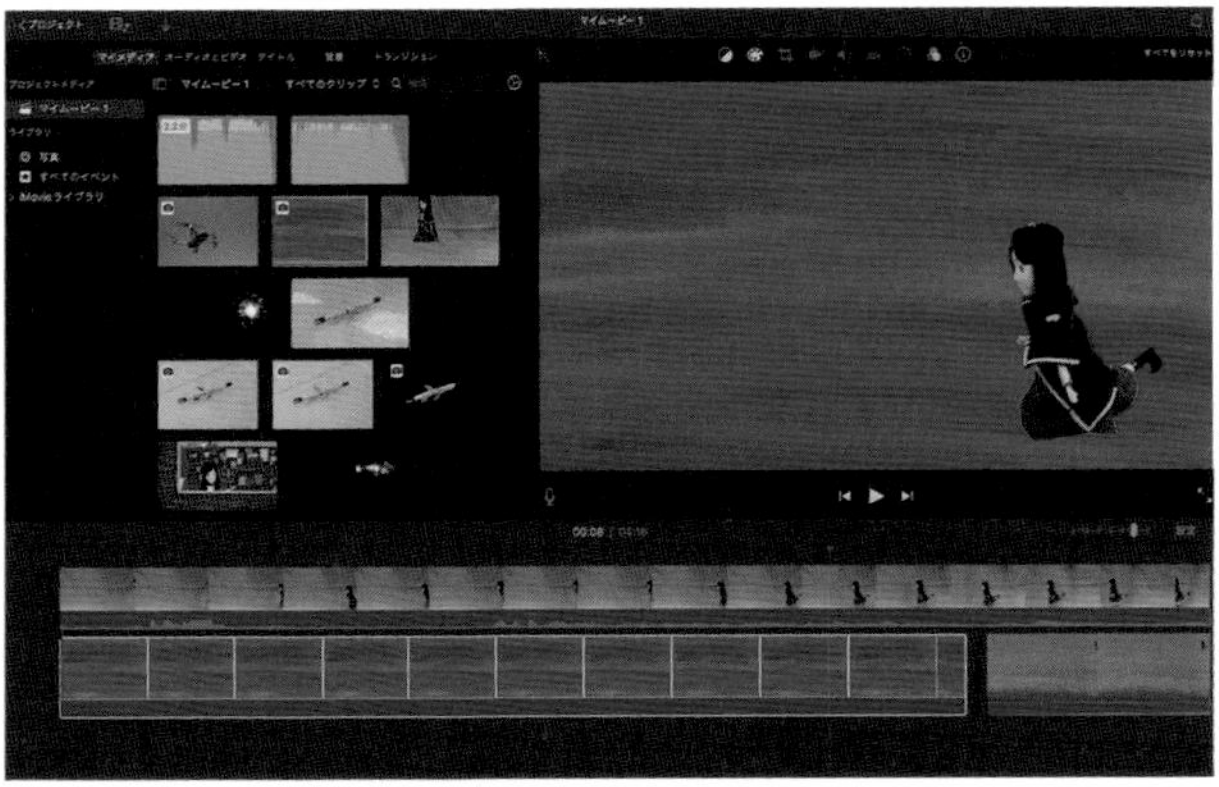

「さくらの夢」iMovieでの編集画面

あとがき

「音楽と美術のあいだ」

早川 陽

昭和女子大学現代教育研究所は、教員・保育士の養成課程である初等教育学科の多くの教員を所員として2014年11月に発足しました。研究テーマ毎にグループに分かれ、その中でも、音楽学や美術教育にかかわる所員と、その所員と縁のある学校教育・保育学を実践する研究員が集まり、表現教育研究のプロジェクトが始まりました。

このプロジェクトの目的は、「パフォーミング・アーツ／舞台芸術」の実践を通して、創造を体験し、表現の技術、面白さ、深さを伝えることでした。

そもそも、近代に始まった日本の芸術（表現）教育は、音楽（学校）と美術（学校）が〝道一本〟の「あいだ」を隔てて開始されました。幼児教育の5領域「表現」にある、「演じて遊んだりするなどの楽しさを味わう」内容は、高等教育では音楽と美術に離れていくように見えます。「音楽と美術のあいだ」、そして、「芸術（表現）と教育のあいだ」にある、「音楽、美術、演劇、ダンス（舞踊）を統合したパフォーミング・アーツの制作と上演活動」の実践を通して、「あいだ」を繋ぐことを考えました。

前半の2本の舞台『ドロシーと愉快な仲間たち』と『やさしい森の歌』は、新型コロナウィルス感染症拡大前の、観客を会場に入れるライブの舞台でした。〝ドロシー〟は保育現場で活用されるペープサート（Paper Puppet Theater）の技法を応用した舞台芸術の実践であり、〝やさしい森〟は身体表現、大型人形を交えた仮面劇になりました。

２０２０年3月、ここで新型コロナウィルス感染症の拡大があり、当初３ヶ年で計画していたライブによる舞台劇は、対面活動の制限から実施不可になりました。公開予定の大学祭も初のオンライン開催と決まり、ここで計画を1年延期して4ヶ年に変更し、3年目と4年目はオンラインによる舞台芸術の創作に切り替えることになりました。後半2本の人形劇『ドロシーと愉快な仲間たち』と『さくらの夢』はコロナ禍に制作した作品です。大学の授業でも活用の進んだオンデマンド型配信（YouTube）によるマリオネット劇を制作し、映像による公開を実現しました。とりわけ4年目の動画制作は、発展的にクロマキー合成による撮影・編集によってアニメーション効果を加えた作品になっています。これらは意図せずに、コロナ禍における過渡期の舞台芸術実践として、ライブ上演から人形劇の形式へ、変化を記録することになったともいえます。

4つの創作劇はいかがだったでしょうか。それぞれの実践報告は、「昭和女子大学学術機関リポジトリ」で次のタイトル等を検索して確認できます。

1．永岡都・木間英子・早川陽・久米ナナ子「表現活動における学びの深化の検証（1）―人形劇『ドロシーと愉快な仲間たち』制作上演の記録を通して―」昭和女子大学現代教育研究所紀要・第5号・79 - 95頁・２０１9年

2．永岡都・木間英子・早川陽・久米ナナ子・早田啓子・河内啓成「表現教育における学びの深化の検証

（２）―『やさしい森の歌』制作上演を通して―」昭和女子大学現代教育研究所紀要・第６号・１０１-１１６頁・２０２１年
3. 永岡都・早川陽・木間英子・久米ナナ子・河内啓成「表現教育における学びの深化の検証（３）―オンライン人形劇『ドロシーと愉快な仲間たち』の制作・配信を通して―」昭和女子大学現代教育研究所紀要・第７号・97-１０９頁・２０２２年
4. 早川陽・永岡都・大澤里紗・久米ナナ子・河内啓成・志田翼「表現教育における学びの深化の検証（４）―人形劇『さくらの夢』の制作と動画公開を通して―」昭和女子大学現代教育研究所紀要・第８号・１０３-１１５頁・２０２３年

最後に現代教育研究所の活動を通して表現教育研究グループに参加することになった執筆者の各氏に感謝いたします。特に脚本や演出、演技指導をご担当頂いた久米ナナ子氏の牽引力によって大きく進んだ活動でした。時間の限られる中、各専門分野をお持ちの先生方との協働作業、保育士養成から中等教育にかかわる先生方との活動は有意義なものでした。そして各ゼミに所属した約50名の学生、さらに繋がりを持つことのできたその他の大学の学生の皆さん、人形や仮面を制作した世田谷学園美術部の生徒の活動なしには成り立たないものでした。心より感謝しています。教育や保育の現場に巣立った学生が、表現活動にかかわるきっかけとなることを願っています。

また大学祭に合わせて観客として参加し、後日温かい感想文を送って下さった館山市の小学生の皆さん、交流を企画して頂いた館山市教育委員会の皆様にも感謝いたします。

コロナ禍においては、市内の各小学校でオンライン上映会を給食の時間等に調整して下さいました。そして現代教育研究所の所長を始め、運営委員会として活動を支えて下さった教職員の皆様、昭和女子大学出版会の皆様、イシジマデザイン制作室の石島章輝氏に感謝いたします。

本書を手にして下さった、保育・幼児教育から中等教育の実務にかかわる先生方、高等教育で養成課程にかかわる学生と先生方、舞台芸術に興味・関心をお持ちの皆様にとって、本書が「音楽と美術のあいだ」を繋ぐプロジェクトの記録であること、表現教育に関するパフォーミング・アーツの制作アイデアや実践の種子であることを願っています。

執筆者紹介

永岡《ながおか》 都《みやこ》

専門分野：音楽学、音楽教育学　博士（学術）

東京藝術大学音楽学部楽理科を経て、同大学院音楽研究科音楽学専攻修士課程修了、東京大学大学院総合文化研究科超域文化科学専攻（表象文化論コース）博士課程修了。『音楽はなぜ心に響くのか－音楽音響学と音楽を解き明かす諸科学－』（共著・コロナ社・２０１１）、『音楽と感情の心理学』（共訳・誠信書房・２００８）。現在、昭和女子大学大学院生活機構研究科教授、現代教育研究所所員。

久米《くめ》ナナ子《ななこ》

専門分野：演劇、表現、舞台芸術

玉川大学文学部芸術学科卒業。オンシアター自由劇場で演技を学び渡英。London Motley Theatre Designで舞台美術を、Royal College of Artで造形研究を学ぶ。舞台芸術家として造形・装置・衣装等のデザインを手掛け、「朗読・舞踊・音楽」コラボの構成・脚本・演出にも活動範囲を広げる。２００３年朝日舞台芸術賞。２００７年度文化庁新進芸術家海外研修員。玉川大学芸術学部ファッションショー演出指導のほか、日本演劇学会会員、京都女子大学大学院発達教育学研究科表現文化専攻非常勤講師、現代教育研究所研究員。

早川《はやかわ》 陽《よう》

専門分野：日本画、表現教育、美術教育　博士（美術）

東京藝術大学大学院美術研究科芸術学専攻美術教育研究領域博士後期課程修了。単著に『藝術と環境のねじれ－日本画の景色観としての盆景性－』（清水弘文堂書房・２０１３）。共著に『美術と教育のあいだ』（東京藝術大学美術教育研究室・２０１１）、『メディアとメッセージ－社会のなかのコミュニケーション－』（ナカニシヤ出版・２０２１）。現在、昭和女子大学大学院生活機構研究科准教授、現代教育研究所所員。

大澤《おおさわ》里紗《りさ》

専門分野：ピアノ、演奏学、音楽教育学　博士（音楽）

国立音楽大学演奏学科ピアノ科・鍵盤楽器ソリストコースを経て、同大学院音楽研究科修士課程首席修了。修了時、最優秀賞、クロイツァー賞受賞。同大学院音楽研究科博士後期課程修了。R・シューマンに関する論文で博士号（音楽）取得。ソロ・アンサンブルピアニスト、国際コンクール公式伴奏者、コンクール審査員など多方面で演奏活動する傍ら後進の指導にあたる。現在、昭和女子大学人間社会学部初等教育学科助教、現代教育研究所所員。

木間《このま》英子《えいこ》

専門分野：音楽教育学　博士（学術）
横浜国立大学教育学部音楽専攻卒業、同大学院教育学研究科音楽教育専攻音楽専修修士課程を経て、一橋大学大学院言語社会研究科博士課程後期修了。『音楽教育研究ハンドブック』（共著・音楽の友社・２０１９）、『Creativity in Music Education（音楽教育における創造性）』（共著、Springer ２０１９）。昭和女子大学名誉教授。現在、現代教育研究所客員研究員。

早田《そうだ》啓子《けいこ》

専門分野：アジア思想、仏教文化　博士（学術）
早稲田大学文学部東洋哲学科卒業、同大学院東洋哲学修士課程修了、インド国立カルカッタ大学パーリ学博士課程修了。『日本中国仏教思想とその展開』（共著・山喜房佛書林・１９９２）、単著に『Theravada Buddhist Studies in Japan』（Atishamemorial Publishing Society India・１９９８）、『一遍－その思想と生涯－』（東京堂出版 ２０１３）、『仏教文化－インド・パキスタン・中央アジア－』（Book Way ２０１７）。元昭和女子大学教授。現在、現代教育研究所客員研究員。

河内《かわち》啓成《けいせい》

専門分野：美術教育、版画、ＩＣＴ教育
兵庫県生まれ。京都造形芸術大学洋画コースにて絵画を学び、東京藝術大学大学院美術研究科芸術学専攻美術教育研究領域修了。自ら絵画及び版画の表現活動をすると共に、美術教育分野においてＶＲゴーグルを活用した不登校生徒の支援をする傍ら後進の指導にあたる。「美術教育の森－美術教育研究室の作家たち－」展出品（２０１９）。現在、横浜国立大学教育学部学校教員養成課程美術教育准教授、東京藝術大学非常勤講師、現代教育研究所研究員。

志田《しだ》翼《つばさ》

専門分野：図画工作、美術教育、油画
東京藝術大学大学院美術研究科修了。私立中高にて教諭として勤務する傍ら、独立展での発表を中心に創作活動に取り組む。同展において、損保ジャパン日本興亜美術財団賞（２０１８）、海老原賞（２０１９）、独立賞（２０２１）各賞受賞。第69回埼玉県美術展覧会にて埼玉県知事賞受賞（２０１９）。東京都美術館「子どもへのまなざし」展出品（２０１９－20）。現在、独立美術協会会員、世田谷学園中学高等学校教諭、現代教育研究所研究員。

昭和女子大学現代教育研究所

昭和女子大学現代教育研究所は、こども園から大学院までを擁する総合学園の研究所として、乳幼児教育から中等教育までの、様々な現代的教育課題についての調査研究・実践・情報発信を行うことを目的としています。

表現教育プロジェクト
〈子どものための舞台と人形劇をつくる〉実践集
Education Project for Expression
A Collection of Exercises in Creating Stage and Puppet Drama for Children

発行日　2023年3月31日　初版第1刷 発行
定価　1000円＋税

編著　永岡 都／久米ナナ子／早川 陽
発行　昭和女子大学現代教育研究所
発行所　昭和女子大学出版会
〒154-8533　東京都世田谷区太子堂1-7-57
TEL 03-3411-5300

造本設計　石島章輝（イシジマデザイン制作室）
楽譜浄書　マザーアース株式会社
印刷／製本　株式会社グラフィック
Printed in Japan

ISBN 978-4-7862-1101-0 C3074